Gerda Kiendl
Blattschüsse einer Jägersfrau

Gerda Kiendl

Blattschüsse einer Jägersfrau

Anekdoten um Waidmänner

Zweite Auflage

CIP-Kurztitelaufnahme der Deutschen Bibliothek

Kiendl, Gerda:
Blattschüsse einer Jägersfrau: Anekdoten um Waidmänner /
Gerda Kiendl. – 2. Aufl. – München; Wien; Zürich:
BLV Verlagsgesellschaft, 1990
 ISBN 3-405-13447-1

BLV Verlagsgesellschaft mbH
München Wien Zürich
8000 München 40

Illustrationen von Hans Schimpke

Das Werk einschließlich aller seiner Teile
ist urheberrechtlich geschützt. Jede Verwertung
außerhalb der engen Grenzen des Urheberrechts-
gesetzes ist ohne Zustimmung des Verlags unzulässig
und strafbar. Das gilt insbesondere für Vervielfälti-
gungen, Übersetzungen, Mikroverfilmungen und die
Einspeicherung und Verarbeitung in elektronischen
Systemen.

© 1987 BLV Verlagsgesellschaft mbH, München, 1990

Satz und Druck: Druckerei Sommer GmbH, Feuchtwangen
Bindung: Conzella, Urban Meister, München

Printed in Germany · ISBN 3-405-13447-1

Inhalt

Vorwort oder: Ein bißchen Grünspan im Kopf   7

Wer einen Jäger heiratet, ist selbst schuld   8

Jägersfrau	8
Jägerhochzeit aus unbestechlicher Dackelperspektive	11
Wochenprotokoll einer Jägersfrau	15
Von Rotwein, einer kranken Büchse und einem Mordsmäßigen	20
Überraschungen für Jägersfrauen	23
Dackelzucht	26
Grüne Witwen	32
Fuchs, du hast uns die Nerven gestohlen	35
Jagd ums Schüsseltreiben	37
Fuchsbauverrat	41
Hutschi	44
Netter Jagdbesuch und anderer	48
Ein Koch kam in die Küche	52
Auf zum Jägerball	54

Schrecken ohne Ende   57

Jagd – Vorsicht Lebensgefahr	57
Schweiß kommt nicht von schwitzen	60
Hitzeschäden	63

Es gibt noch mehr Jäger, die auch nicht besser sind   65

Die Grünen und die Nackten	65
Wildsau-Neurosen	67
Seltsamer Waschtag	70
Wild füttern usw.	72
Murmeltier und Edelweiß	75
Großvater	79

Nicht einmal Kinder bleiben vom Jagdfieber verschont — 83

Entwicklung von Jägernachwuchs — 83
Jungjäger — 85
Ein ganz normaler Jägerhaushalt — 88
Schütze Bumm — 92
Die Fütterermannschaft — 95

Endlich Jägerin — 97

Warum Jägerin — 97
Schießen will gelernt sein — 99
Unternehmen Jagdschein — 102
Hühnerschwund — 118
Die Saufieberbande — 119
Hochsitzgedanken — 121
Allein im Wald — 123

Eine Jägerin denkt – was kann dabei schon herauskommen — 128

Flexible Jägerinnen — 128
Abschied von einer tausendjährigen Eiche — 131
Erholungssuche — 133
Hutpflichten — 136
Jagd und Mode — 138

Vorwort oder:
Ein bißchen Grünspan im Kopf

Es hat nichts mit ehrgeizigen Emanzipationsgelüsten zu tun, wenn sich eine einigermaßen normale Frau am Thema »Jagd« vergreift.
Als weibliches Wesen, eher vertraut mit Kochrezepten, bei denen man ein bißchen von diesem und jenem zusammenrührt, mal süß, mal sauer oder auch mal etwas Schärferes, übertrug ich dieselbe Mix-Methode auf das Anrühren von Geschichten über und um die Jagd. Ein wenig Wahrheit verrührt mit viel Phantasie (man muß es ja nicht gleich Lügen nennen), gewürzt mit weiblicher Logik (Männer erschauern an solchen Stellen) und einer reichlichen Portion jagdlicher und auch sonstiger Unerfahrenheit, ließen mich Gedanken zu Papier bringen, zum Zwecke der Wiederherstellung seelischen Gleichgewichts im turbulenten Alltag eines Jägerhaushaltes.
Sollte einem aufrechten (ehrwürdigen?) Waidmann beim Lesen von so viel jagdlicher Blasphemie dies seelische Gleichgewicht abhanden kommen, so bitte ich vielmals um Entschuldigung!

Gerda Kiendl

Wer einen Jäger heiratet, ist selbst schuld

Jägersfrau

Daß man mit Worten Tatsachen verdrehen kann, sieht man mal wieder, wenn man den Titel oder die Bezeichnung »Jägersfrau« etwas genauer untersucht. Das Wort »Jäger« in Verbindung mit »Frau« ergibt sinngemäß eher eine Frau, die auf die Jagd geht. Sieht man sich aber jene Frau an, auf die diese, ich muß sagen etwas fragwürdige Bezeichnung zutrifft, stellt man fest, daß es sich dabei ausnahmslos um »Opfer« von Jägern handelt!
Daß Jagd Opfer fordert, ist allgemein bekannt. Wer nur oberflächlich mit diesem Metier vertraut ist, bezieht den Begriff »Opfer eines Jägers« auf animalische Wesen, und das soll hiermit einmal gründlich berichtigt werden.
Das Wesen der Jagd ist abgründig und steht im krassen Gegensatz zu den friedlichen Bedürfnissen des Menschen. Bei Jägern tritt ein Wesenszug hervor, der eher unter den Begriff »Instinkt« fällt, und da dieser sonst eher bei Tieren anzutreffen ist, muß gesagt werden, daß hier eine kleine Verwechslung der Natur stattfand. Bei Tieren herrscht selten das Gesetz der Gleichberechtigung. Im Gegenteil. Was werden nicht für blutige Kämpfe ausgefochten, um der Weiblichkeit zu beweisen, daß man, zum Beispiel, der größte und stärkste Hirsch ist, der auf diesem Erdteil herumläuft. Eigentlich kommt dieser animalische Zug auch bei Jägern zum Tragen. Er hat zwar versucht, sich der etwas verfeinerten menschlichen Art anzupassen, und röhrt nicht mehr ganz so laut, aber das Bedürfnis, von einer weiblichen Herde anerkannt zu werden, ist einwandfrei vorhanden. Hier mußte nun das Gesetz eingreifen, um Ordnung zu schaffen, und da sind wir nun wieder bei der Jägersfrau, denn sie ist als Siegerin hervorgegangen beim Erhaschen der Gunst des, bleiben wir beim ausdrucksstarken animalischen Vergleich, Oberhirschen.
Ja, aber wir sprachen ja eigentlich von ihrer traurigen Rolle als Opfer. Ein Opfer ist bekanntlich ein Wesen, das einem höheren Wesen dargebracht wird, gemäß Lexikonweisheit. Jäger sind

solche höheren Wesen, und Frauen werden ihnen »dargebracht«. Im Laufe der Jahrhunderte, haben sich die Bräuche der »Darbringung« gravierend geändert, und heutzutage hat sich eingebürgert, beschränken wir uns auf Jägerkreise, daß der Darbringung ein bißchen nachgeholfen wird. Denn hier bricht schon wieder der Jagdinstinkt durch, so mit Ködern, in Form von Versprechungen und Geschenken. Besonders Versprechungen wirken auf das harmlose Wesen Frau sehr anziehend. Sie schnappt sich also den, der den Köder »Hochzeitsversprechen« ihr hinhält, und rums ist die Falle zu. Nun beginnt ihre Rolle als Opfer. Im Lauf der Jahre lernt sie zwar, je nach Laune und nervlichem Zustand, sich als Siegerin über Mitködersucherinnen oder als Opfer jagdlicher Willkür zu fühlen, aber im üblichen Sinne hat sie sich nun den Titel »Jägersfrau« verdient. Da haben wir es. Dienen! Und wie aufopferungsvoll sie dienen!

Nun ja, ist eine Frau in diese Falle getappt und »Jägersfrau« geworden, wird sie, wenn sie klug ist, und Jägersfrauen sind alle klug, natürlich nicht zugeben, daß sie sich das alles eigentlich ganz anders gedacht hätte. Ein Gesetz des Lebens ist: aus allem das Beste zu machen. Das heißt, eine völlig normale Frau muß sich ein bißchen dem Instinkt des Jägers beugen. Wie man das macht? Ganz einfach, man läßt ihn gewähren. Sein Instinkt treibt ihn nämlich dazu, ständig nach Beute Ausschau zu halten. Die meisten Jäger geben zwar zu, daß der »Abschuß« ihres Weibes der Gipfel ihres jagdlichen Erfolges ist; doch damit auf die Dauer nicht zufrieden, treibt es sie ständig weiter, wenigstens noch nach Rehen und Hasen Ausschau zu halten.

Hat eine Frau endlich den Erkenntnisstand erreicht, daß sie nicht sein »Ein und Alles« ist, sondern eher zur erlegten Beute zählt, nistet sich bei ihr das dumme Gefühl ein, seinem Jagdinstinkt geopfert worden zu sein.

Opfer brauchen viel Geduld, und die Anpassung der Frau an ihren Titel »Jägersfrau« erfordert noch mehr Geduld. Sie duldet also ihrem, wie gesagt harmlosen Wesen entsprechend, so ein Weilchen vor sich hin. Zu dulden wären da gründlich verdreckte Klamotten, die täglich in reichlicher Fülle geliefert werden. Dann muß ein Hund geduldet werden, der sich in seinen dreckverbreitenden Gewohnheiten seinem Herrchen anpaßt. So entsteht die Jagdgemeinschaft Herr und Hund. Das Auto kann man auch gleich dazuzählen, da es sich für die Beutezüge als notwendig erweist und sich sehr empfänglich zeigt für alles, was klebt und schmiert. Die Jägersfrau erhält Gelegenheit, aufopferungsvoll zu dienen.

Wertvorstellungen verschieben sich. Für fortgeschrittene Jägersfrauen ist Anpassung gleich Toleranz gegenüber allen hygienischen Bedürfnissen moderner Wohnkultur. Erste Zeichen von Anpassung: Sie produziert selber Dreckstiefel und stellt sie in unbereinigter Koexistenz zu den seinen.

Natürlich ist das noch nicht alles. Zum Leben eines Mannes, und erst recht eines Jägers, gehört Erfolg. Auch hier erkennt man gewisse Übereinstimmung mit dem animalischen Vorbild.

Bleiben wir beim Hirschen. Zum Dasein eines erfolgreichen Hirschen gehört ein respektables Geweih. Selbiges wird auch von ihren menschlichen Nachahmern so erwünscht, doch sollten Jägersfrauen sich zurückhalten, es ihnen aufzusetzen. Woran erkennt man also den Erfolg? Dazu braucht man Symbole. Statussymbole! Da sich auf der Jagd nach Erfolg nicht alles so leicht anködern läßt wie eine Frau, braucht ein Jäger Waffen. Nichts, aber auch gar nichts wird von anderen Jägern so bewundert und begehrt wie Waffen. Auch durch nichts wird der Status Macht und Stärke so deutlich demonstriert, und dieser Grundsatz gilt weltweit. Hier tritt plötzlich ein nie vermuteter Wesenszug bei Jägern zutage. Nämlich, wie liebevoll er seine Waffen behandelt und pflegt! Frauen, die dies beobachten, geben deshalb die Hoffnung nicht auf.

Aber nur ein Statussymbol genügt ja noch nicht. Das erste Statussymbol ist aber notwendig, um das zweite zu erjagen, nämlich Trophäen, die er lieber den armen Hirschen abjagt, und so hat der Jäger den Gipfel des Erfolges erreicht!

Was hat nun die Jägersfrau von diesen Statussymbolen? Vor Waffen hat sie Angst und die Geweihe, die darf sie abstauben. Ihr bleibt wahrhaftig nichts erspart! Ach, hätte sie nicht so gierig den Köder geschluckt und auf ein Titelchen gewartet; mit einem »Dr.« ließe sich entschieden mehr Status um die Nase fächeln.

Manche Dinge sind sowieso nur zu begreifen, wenn man darüber staunt, und so kommt die Jägersfrau aus dem Staunen nicht heraus. Das Staunen führt dazu, daß man anfängt, Ursachen zu erforschen. Da hat man bei der langen Vorgeschichte der Jagd schon ein paar Tage zu tun. Ist man dann glücklich bis zur Steinzeit zurückgewandert, erkennt man endlich die Ursache für den Ehrentitel »Jägersfrau«. Bei Steinzeitjägern war Fleisch im Topf, sehr im Gegensatz zur Gärtnersfrau, die sehnsüchtig den Duft des Bratens schnüffelte, während sie ihr Lauchsüppchen rührte. Noch etwas darf man nicht verwechseln. Nämlich, eine Jägersfrau ist nie eine Frau, die selbst auf die Jagd geht! Ein solch eigentümliches Wesen nennt man »Jägerin«. Hier macht die Sprache kurzen Prozeß und streicht die Bezeichnung »Frau« kurzerhand und endgültig.
Bleibt nur noch auf eines hinzuweisen, und dies kann nicht deutlich genug geschehen. Man achte auf die Reihenfolge des Wortes »Jägersfrau«: an erster Stelle der Jäger, dann die Frau und das natürlich klein geschrieben. Eigentlich sagt das schon alles.

Jägerhochzeit – aus unbestechlicher Hundeperspektive

Ich bin die ›Fella aus dem Juttenhorst‹, so steht es auf einem Papier, das Herrchen hat. Da steht auch, daß ich ein schwarz-roter Langhaardackel bin. Die langen Zweibeiner haben für alles so komische Namen. Meistens ruft man mich aber »Hexi«. Manchmal auch »Schlawiner«, »Doofi« oder »Misthaken«, wenn mir mal was Dummes passierte. Das mag ich aber nicht.
Früher hatte ich nur Herrchen, doch das ist schon lange her. Jetzt wohnt auch Frauchen bei uns, und als sie kam, gab es die aufregendste Treibjagd. Sogar hier im Haus! Und das kam so: Herrchen schaute den ganzen Tag wichtig vor sich hin, rauchte und hatte keine Zeit. Er nennt das arbeiten, und dann paß ich immer auf ihn auf und jage alle weg, die ihn stören wollen. Abends nahm er dann endlich die Flinte, und wir gingen zur Jagd. Damals durfte ich im Auto immer neben ihm sitzen. Jetzt sitzt Frauchen da. Wenn ich Glück habe, auch wir beide zusammen.

Am liebsten würde ich ja immer nur jagen, weil das noch viel schöner ist als schlafen und Knochen nagen. Doch eines Tages fuhr Herrchen mit mir dahin, wo ganz große Zweibeinerhütten stehen, so daß sie übereinander wohnen müssen. Dort stiegen wir in eine kleine Kammer, und Herrchen drückte auf einen Knopf. Da summte es, so daß ich ein ganz komisches Gefühl im Bauch bekam, wie damals, als ich vom Hochsitz fiel.
Endlich ging die Tür der Summkammer wieder auf. Herrchen fragte mich: »Ob sie uns wohl rausschmeißt?« Da wurde ich sehr neugierig, vor wem er wohl so Angst hat? Er drückte schon wieder auf einen Knopf, so daß es laut klingelte. Eine Zweibeinerin machte auf. Da hat Herrchen so richtig geschwitzt – vor Angst! Die Zweibeinerin grinste und sagte: »Also, forsch seid ihr gerade nicht«. Au, hab' ich micht geärgert – am meisten über Herrchen. Wie wir im Wald mal plötzlich einer Wildsau gegenüberstanden, war Herrchen ganz ruhig, nur hinterher hat er so viel gebellt, als

er sie geschossen hatte – und jetzt hat er vor so einem Weibchen Angst! Vor der Sau hatte ich ja auch bißchen Angst, darum weiß ich auch, wie das ist, aber vor grinsenden Zweibeinerweibchen braucht man doch keine Angst zu haben!
Ich durfte bei ihr dann auf einem Stuhl liegen, der hin und her schaukelte und schön weich war. Sie gab mir auch süßes Futter. Eigentlich wollte ich auf Herrchen aufpassen, damit er keine Angst haben muß, aber er fraß das gleiche Futter wie ich und war plötzlich sehr lustig und hat nur noch das Weibchen angeschaut, da bin ich schlimm traurig geworden und bin eingeschlafen. Ich träumte, daß ich vom Hochsitz falle – ganz tief.
Nun fuhr Herrchen nur noch zu dem Weibchen. Die war ja nett, aber Jagd ist schöner. Eines Tages nahm er sie dann auch mit zur Jagd! Dabei kann die gar keine Spuren finden, weil alle Zweibeinernasen viel zu weit oben sind! Ich bekam aber immer was Gutes zu fressen von ihr, da mochte ich sie dann auch. Abends darf ich auch immer mit ihr zusammen auf einem Stuhl sitzen, und dann krault sie mich, wenn sie in den lauten Kasten gucken.
Nach einiger Zeit sagte Herrchen dann zu mir, er werde jetzt heiraten. Und das ging so: Zuerst kamen viele Zweibeiner, man sagt Verwandte oder Freunde dazu. Die waren noch lauter als ich, wenn ich am lautesten belle! Aber lustig waren sie auch – da waren sie dann noch lauter. Am Nachmittag sagte Herrchen, er gehe jetzt seinen Junggesellenabschied feiern – für sich allein. Er nahm die Büchse, und ich durfte auch mit, da war er doch nicht allein!
Kaum waren wir auf dem Hochsitz, kam eine dünne Geiß. »Die ist ja krank« sagte Herrchen und schoß. Ich brauchte nicht zu suchen, schade. Zu Hause legte er den Aufbruch in eine Schüssel, als noch mehr Verwandte kamen. Ich konnte schon gar nicht mehr richtig laut kläffen, ganz heiser war ich.
Alle schüttelten Herrchen die Pfote und patschten auf seine Schulter. Da vergaß er völlig, mir etwas vom Aufbruch zu geben! Das tut er sonst immer. Da bin ich ganz dicht an seine Beine hin und habe ihn angestupst. Da ist es dann wohl passiert: er wollte mit dem Aufbruch davongehen, zum Glück stolperte er über mich und fiel auf seine Nase, daß er nur noch so groß war

wie ich. Der Aufbruch flog durch die Küche, und der Schweiß spritzte die Verwandten an, da rannten sie endlich hinaus und haben noch mehr Lärm gemacht.
Ich bin schnell in meine sichere Ecke gerannt, und da war doch tatsächlich eine Niere hingekullert und auch ein bißchen Schweiß. Ich hab ganz schnell geschleckt. Plötzlich stand unser jetziges Frauchen da. »Ach herrjeh, wir fangen also mit einem Blutbad an« sagte sie. Ich rannte schnell zu ihr und leckte sie zur Begrüßung, da wurde auch sie voll Schweiß. Ihr langes Fell auf dem Kopf war toll gekringelt wie noch nie vorher, und sie roch so, daß ich immer niesen mußte. Bis Herrchen und Frauchen sich den Schweiß abwischten, hab ich noch ein bißchen Lunge und Leber erwischt. Dann schrubbten sie die Küche, und Herrchen sagte zu mir: »Hast ja recht, aber ein Mistvieh bist du doch« und gab mir noch eine Niere. Merkte er gar nicht, daß ich geklaut hatte? Sonst merkt er alles.
Mein Bauch war nun so dick und ich so müde, da bin ich in sein Bett gehüpft. Eigentlich darf ich das nicht, aber niemand kümmerte sich um mich.
Die haben dann auch noch gesungen. Wenn Herrchen Jagdhorn bläst, muß ich auch immer singen, aber er lacht mich dann aus. Die Verwandten lacht er nicht aus.
Plötzlich hat es furchtbar gekracht. Bin ich erschrocken! Vor dem Haus lagen lauter kaputte Freßnäpfe, und Herrchen mußte alles zusammenkehren, doch die Tonne für Dreck war schon voll. Ich hörte, wie er »Idioten« knurrte, und dann hat er es beim Nachbarn in die Dreckkiste gekippt. Er tat mir ja auch leid, aber er ist ja selbst schuld, wäre ja nicht passiert, wenn er immer mit mir zur Jagd gegangen wäre.
Er kam sehr später ins Bett und hat dabei gesungen und gewakkelt. Ich habe heimlich bei seinen Füßen geschlafen, nicht mal das hat er gemerkt. Er sagte: »Schnuckl, ich bin blau«. Ich glaube, da ist man sehr schlimm krank, man kann es sogar riechen!
Am nächsten Morgen kraulte er mich lange und sagte: »Jetzt geht's uns an den Kragen, sei aber lieb zu Frauchen«.
Er blieb lange im Zimmer, wo Wasser in den großen Napf läuft, so daß er sich ganz reinlegen kann. Dann zog er ein nagelneues

Fell an. Das roch auch gar nicht nach ihm und begoß sich aus einer Flasche, daß ich wieder niesen mußte. Ich finde sein Lederhosenfell viel schöner. Das riecht richtig nach altem Schweiß, weil er sich beim Rehaufbrechen meistens reinkniet. Frauchen meint jetzt, das stinke so penetrant wie ein alter Ziegenbock, aber sie riecht nie so gut.
Ich bekam den ganzen Rest vom Aufbruch: »Zur Feier des Tages« sagte Herrchen und ließ mich allein. Ich schlief den ganzen Tag in seinem Bett, weil mir so komisch zumute war. Der Fritz kam mittags und wollte mit mir spazieren gehen, aber ich wollte nicht. Es regnete, da hätte ich ja einen nassen Bauch gekriegt!
Jetzt ist Frauchen immer bei uns, und ich muß auch auf sie aufpassen. Eigentlich ist es nun viel lustiger, auch wenn Herrchen manchmal stöhnt und bellt: »Ihr zwei Weiber bringt mich noch in's Grab«. Er lacht dann aber und krault uns alle beide.

Wochenprotokoll einer Jägersfrau

Montag: Mein Jägerehemann reinigt mit mehr entschlossener als freudiger Miene seinen Drilling. Es ist für ihn das letzte Mal. Er hat dies Prunkstück seinem Jagdfreund Hans verkauft, und heute ist für ihn der Trauertag der Übergabe.
Hans ist aus hundert familiären und anderen Gründen in die Stadt gezogen und hat die Übernahme des Gewehrs mit einer Einladung zur Besichtigung der neuen Wohnung verbunden.
Der erste Schritt ins neue Heim der Freunde zeigt deutlich die Jagdambitionen des Hausherrn. Hinein pirschen wir über grünen Teppichboden, entlang einer stolzen Parade von Geweihen, die die Wand des Flurs ausfüllt, vorbei an einem grünen Telefon. Grün ist für Jäger ja mehr als eine Farbe, es ist ihr Symbol und dies völlig unpolitisch natürlich. Die einzig bunt strahlende Unterbrechung im Jägerheim ist dessen Frau. Schwarze Haare und Augen sowie rosiges Aussehen und Wesen. Sie sorgt für gutes Essen und Trinken und die Männer für jagdliche Geräuschkulisse, denn Worte wie: »Schuß, Blatt, Bock«, wiederholen sich. Dann wechseln Geld und Gewehr die Besitzer – sehr feierlich.

Staunend betrachten wir Frauen das Tun unserer Männer, denn so viel Zartgefühl hätten wir bei ihnen gar nicht vermutet. So ein Gewehr zu halten muß schon was Besonderes sein!
Spät trennt man sich. Mein Jäger bedauert nun doch, nur noch mit mir in sein grünes Auto zu steigen, und eine Träne kullert heimlich aus dem Knopfloch der Trachtenjacke.
Dienstag: Spätnachmittag – »Wir müssen schnell noch zum Büchsenmacher, denn die Feder an meiner Bockbüchse ist gebrochen!« Mein Jäger springt aus den Arbeitsklamotten, und ich erkenne einen ernsten Notfall. So laß ich den grünen Socken fallen, an dem ich versuchte, diverse Löcher zu schließen. Eigentlich eine gar nicht unwillkommene Unterbrechung dieser mühseligen Stichelei. Es gelingt mir, meinen Jäger nach Ablieferung seines verletzten Jagdvollzugsinstrumentes in den »Weinkeller« zu lotsen. Hier hatten wir einst, zu einer Zeit, als Jagd für mich noch als ein Begriff aus dem finsteren Hinterland erschien, beinahe unseren zweiten Wohnsitz.
Inzwischen bin ich selbst so eine Art Jagdtrophäe meines jetzigen Gegenübers geworden und hoffe im Stillen, als seine wertvollste zu gelten.
Gemeinsam versteigen wir uns in Erinnerungen, und ich genieße es, einmal ganz unjagdlich seine volle Aufmerksamkeit zu besitzen. Denk ich. »Ach, heute abend ist ja Jagdhornbläserprobe!«, fällt ihm voll Schrecken ein, und er stülpt schnell den Rest der so guten, stimmungsfördernden »Hausmarke« hinunter. Schon rennt er los, und ich habe nicht einmal mehr Zeit zu seufzen, daß es beinahe, ja eben nur beinahe, ein so schöner Abend geworden wäre. Aber Jagdhornbläser kennen ihre Pflicht – leider.
Mittwoch: Der Jägervater erscheint, natürlich auch Jäger. Er ist achtzig Jahre alt, mit entsprechender Jagderfahrung, die er großzügig jedem vermittelt, der sich ihm – gewollt oder ungewollt – bis auf einen Meter nähert. So hat schon mancher ihm die Hebung seines Niveaus zu verdanken.
Nach dem Essen streiten sich die Fachmänner über »Greifvögel«, was meinen Versuch, ein Mittagsschläfchen zu halten, erheblich stört.
Die so gewichtigen, mehr und mehr unterschiedlichen Meinun-

gen werden schließlich durch lautes Zuknallen der Tür bekräftigt, so daß ich fast von der grünen Couch falle. Also entschließe ich mich, das blaue Geschirr abzuwaschen, während ich mir über die Unlogik den Kopf zerbreche, wieso es eine so weit verbreitete Sitte ist, Türenzuschlagen als Argument zu gebrauchen.
Donnerstag: Diese Woche sogar ein Feiertag. »Was unternehmen wir?« fragen wir. Es ist ein Herbsttag wie aus dem Bilderbuch. Wir wandern zum sogenannten »Teufelsfelsen«, und ich genieße es, einmal im Freien zu sein, ohne Wildfutter zu sammeln, nämlich Obst, Kastanien, Eicheln, oder nach Stangen für einen Hochsitz zu schielen oder im Wildacker Unkraut zu jäten oder überhaupt still zu sein, um ja nichts Wildartiges zu verscheuchen. Doch schon beschleunigt er den Schritt und fleht: »Nur ein halbes Stündchen würde ich mich gerne ansetzen« (Erklärung für normale Menschen: ansetzen = dem Wild auflauern). Da er so schön darum bittet, warte ich gern; ein Hörspiel im Jägerautoradio vertreibt mir die Zeit.
Anschließend wird noch im Gasthaus einer Freundin haltgemacht, und das Jagdprogramm scheint für diesen Tag abgeschlossen, doch wiederum – es scheint nur so.
Jemand klopft an's Fenster der Klause, die für Fremde bereits geschlossen war. Liebe Verwandte blinzeln herein, die sich als Nachschubjäger für die morgen stattfindende Treibjagd entpuppen. Sie freuen sich auf die große Abwechslung einer Jagd. »So etwas gibt's!« staune ich täglich damit Konfrontierte. Zu Hause beginnt dann die gründliche Verwandlung der Städter, genannt Vorbereitung für das morgige Treiben. Gummistiefel, Anoraks, Pullover und Hemden wechseln ihre Be- und Abnützer, und ebenso gründlich verwandelt wird das Innere des Hauses.
Mich befällt plötzlich eine schwere Anti-Jagd-Neurose und den Hausherrn in ebenso schwerem Ausmaß das Lampen-Büchsenfieber. Schlafen können wir beide nicht mehr. Er vertreibt sich die Nacht mit Zigaretten und ich mit Schimpforgien, zu seinem Glück aber nur in mich hinein. Ja, der Ahnungslose erzählt mir auch noch bei solchen Gelegenheiten die tollen Glanzleistungen aus vergangener Zeit!
Freitag: Die Treibjagd beginnt. Zuerst allerdings im Haus, auf

Utensilien, die die wild entschlossenen Treibjagdgeher für notwendig halten. Ich versuche, den Kopf unter die Decke zu stecken – nützt nichts, die Jägermannschaft ist empört über so viel Desinteresse.
Endlich donnern sie los. Hinterlassen einen total verstörten Babyhund und gleichmäßig ausgebreitete Unordnung und Staubwolken. Ich tobe mich im Haushalt aus. Nicht gebrauchte oder vergessene Gegenstände wie Patronen, Schachteln, übriggebliebene Schuhe fliegen entweder in den Müll oder dahin, wo sie hingehören. Zivilisation kehrt in's Haus wieder ein und bei mir das dringende Bedürfnis nach Abwechslung.
So werden Leidensgenossinnen zum Kaffeeklatsch eingeladen. Bei deren Eintreffen zeigt es sich, daß es kein Entrinnen bei der Zunft ihrer Männer gibt. Sie erscheinen im Trachtenlook, geschmückt mit Jagdtrophäen. Zum Beispiel: Wildschweinzähne kunstvoll in Gold oder Silber gefaßt und ähnliches mehr.
Ich braue kräftigen Irish Coffee, bis die Damen anfangen, »Waldesluuust« und »Es blies ein Jäger wohl in sein Horn« zu singen. Da kriegt auch noch der Hund einen neurotischen Anfall.
Die Wilden kommen zurück. Kurze Begrüßung – und da höre ich doch für morgen neues Pläneschmieden. Na, für was wohl?
Eine Stoßseufzerbombe von mir hilft. Der Hauptakteur, mein Jagdherr, hat andere Pläne.
Samstag: Reichlich matt und faul ist mein Jäger an diesem Tag. Kein Wunder, aber es nützt ihm nichts. Der Abend bietet zur Abwechslung eine »Hubertusfeier«, das heißt eine »Waldlermesse« sowie »Gemütliches Beisammensein« sind zu absolvieren. Ich verpacke mich im Trachtenkostüm und vergesse ebensowenig den Grandlschmuck.
Man trifft sich dort mit Oskar und Anni. Sie sind seit vierzig Jahren miteinander sowie mit der Jagd verheiratet. Ihr Temperament kennt noch keine brüchigen Stellen, ihre Gesundheit leider eher.
Man brüllt sich beim gemütlichen Beisammensein in die Ohren, da die Kapelle eine absolut andere Vorstellung von Gemütlichkeit hat und dies mit nicht zu messender Phonstärke kundtut. Die beiden Jägermänner scheinen eine Möglichkeit der Verstän-

digung gefunden zu haben, schußfest wie sie sind, denn in einer kurzen Pause des Kapellentrommelfeuers teilen sie uns Frauen mit, daß sie morgen zu zweit eine Treibjagd halten. »Stampern« nennen sie es.

Für uns haben sie auch schon vorgesorgt. Scheinfürsorglich hat mein Jäger mich für den nächsten Tag an Anni verkuppelt, und nun malt er mir die tollen Möglichkeiten für den kommenden, unbemannten Tag aus.

Anni ist ehrlich begeistert, denn für sie bedeutet es: gut essen, noch besser Kaffee trinken gehen und dabei noch jemanden bei sich haben, mit dem man reden kann und der nicht gleich einschläft, wenn etwas anderes als Jagd besprochen wird.

Ich denke: »Wenn ich vierzig Jahre verheiratet bin, geht es mir wahrscheinlich auch so, aber da habe ich noch paar Tage Zeit« und trete meinem lieben Jäger gegen das Schienbein.

Sonntag: Das Telefon klirrt schon um acht Uhr. Ich stehe mit einem Brummkopf auf. Oskar meldet, daß Anni in der Nacht Fiber bekam – Grippe und somit leider, leider keine Jagd heut sei. Ersteres tut mir aufrichtig leid.

Gegen Mittag erscheinen die Stadtjäger. Zu viert wird der Kühlschrankbauch geleert, ein Jägerschnitzel ist erstaunlicherweise nicht drin. Na und dann, auf geht's! Wohin? – Zur Jagd natürlich! Ein solch herrlicher Herbsttag muß an frischer Luft genutzt werden. Darin sind wir uns diesmal alle einig. So suche auch ich eine Wildererkluft. Es scheint also, daß das Jägertum, das mir mit so viel Euphorie vorgelebt wurde, eine Gehirnwäsche bewirkte.

Ich stolpere durch's wildeste Gestrüpp, durch Wälder und über lehmige Äcker, mit einem dicken Prügel um mich schlagend, um schlafendes Getier aufzuschrecken und den sich an den Flinten festhaltenden Jägern auszuliefern. Die Freude unseres Nachwuchsdackels, der an Fasanen, Hasen und Rebhühnern zerrt und sich vor Wonne überschlägt, steckt mich an.

Ein rundherum schöner Nachmittag für alle. Dann wird es für die liebe Verwandschaft Zeit, sich wieder der Stadt zuzuwenden. Mein Jäger kann es nicht lassen, noch den Versuch zu machen, mich wieder im Auto abzustellen, um als Gipfel des Tages noch

einem Reh aufzulauern. Doch ich erinnere ihn an das Versprechen eines gemeinsamen Abends, obwohl mir der beängstigende Verdacht kommt, er weiß damit gar nichts mehr anzufangen. Aber nein, endlich hat auch er einmal Zeit, sich auf der schönen grünen Couch auszustrecken. Der Dackel ist davon hellauf begeistert, springt ihm auf den Bauch und heimst für seinen heutigen Fleiß noch viel Lob ein. Kurz danach schnarchen beide laut und zufrieden.
Für mich ist am anderen Ende auch noch Platz, die müde gestolperten Beine auszustrecken. »Wie herrlich so eine Jagd eigentlich sein kann«, denke ich noch und mache es den beiden am anderen Ende nach. Na, dann auf ein Neues!

Von Rotwein, einer kranken Büchse und einem Mordsmäßigen!

»Der Mai ist gekommen, die Jäger schwärmen aus« sing ich in der Hoffnung, meine Stimme möge meinem Jäger meine Existenz in Erinnerung bringen. Er drückt mir auch prompt den nach Waffenöl stinkenden Lappen in die Hand, da er gerade seine Waffen reinigt. Er hätte ihn allerdings genau so gut auf den Tisch legen können. Sein Blick bleibt wie angeklebt an diesen Stahlrohren mit Griff hängen. Es ist der 16. Mai. Bockjagd, man muß gerüstet sein.
Da ich finde, Stinklappen zu halten sei keine würdige Beschäftigung für mich, leg ich ihn vor ihn hin. Ich muß nachdenken, wie ich zu seinem Bewußtsein vordringen könnte. Das ist eine geistige Beschäftigung, und zur Erleichterung solch anstrengender Taten gibt es geistige Getränke. Ich entkorke eine Flasche Rotwein, schlürfe vor mich hin, während er immer noch den Ballistollappen schwenkt.
Schon nach dem ersten Glas stinkt Waffenöl gar nicht mehr so penetrant. Das zweite Glas bringt dann die Erkenntnis: einfach mitgehen und sehen, was er so schön findet, daß er meine Schönheit glatt übersieht.
Ich wickele mich in unauffälliges Grün und steige in Gummistie-

fel. Mit Rotweineinlagen kann man selbst in diesen Röhren schön elastisch ausschreiten.

So landen wir bei der Buckelwiese. Die Bäume schunkeln ein bißchen mit mir mit – schade, ich habe den Rest der Flasche zu Hause gelassen. Mein Jäger sieht mich sogar zufrieden grinsend an – bis er erscheint – der Bock.

Seit drei Jahren beobachtet er ihn. Von Jahr zu Jahr wurde er besser, schöner, jetzt hat er mordsmäßig auf. Auch ich finde ihn wunderschön, ja majestätisch. Am liebsten würde ich ihm zuwinken, aber das mag mein Jäger nicht. Er greift zu dem frischgereinigten Stahlrohr mit Totumfalleffekt. Ich halte mich am Dackel fest. Bummkrach! In eleganten Sprüngen entschwindet er unseren Augen. Fassungslos starrt mein Jäger ihm nach.

Er geht mit dem Hund zu der Stelle und sucht, ob der Bock dort was vergessen hat. Vielleicht ein bißchen Schweiß oder ein paar Haare – nichts. Auch der Hund findet nichts, auf den ist doch mehr Verlaß als auf den Herrn.

Ich schlief diese Nacht erleichtert ein, mein Jäger überhaupt nicht. Er dachte über seinen gefehlten Bock nach. Ich riet ihm noch, zum Nachdenken Rotwein zu benutzen. Das tat er zwar auch – aber ihm fiel trotzdem nichts ein.

Am nächsten Tag dasselbe! Nein, nicht ganz. Der Bock bleibt stehen, schreckt kurz – und äst weiter. Mein Jäger sitzt da, bleich und hat offensichtlich Lähmungserscheinungen. Richtig traurig schaut er diesen Mordsmäßigen an, dieser würdigt uns keines Blickes.

»Ich glaube, ich bin mal mit dem Zielfernrohr angestoßen«, murmelt er mühsam. Nächster Tag. Das Auto rollt mit lädierter Bockbüchse, Dackel und uns ins Revier. Sogar einen Bock aus Pappe hat er sich gleich eingepackt. Was will er mit dem? Vielleicht zum Trost, weil er nie trifft?

Weit entfernt von jeder menschlichen Seele stellt er den Pappbock in die freie Natur, dann entfernt er sich laut zählend mit 120 großen Schritten. »Du könntest mir mal kurz helfen. Stell dich da auf die Seite, und wenn ich geschossen habe, zeigst du mir, wo der Schuß sitzt.« Peng. Ich laufe zum Pappbock. Da, wo echte Rehe ihr Herz haben, sind Ringe aufgedruckt, die von vielen

kleinen Löchern wie Sommersprossen durchsiebt sind. »Wo?« ruft er. Ich weiß nicht so recht und deute auf eine etwas größere Sommersprosse. Er schraubt an der wahrscheinlich richtigen Schraube. Peng – peng – peng. Wir wiederholen das dumme Spiel, bis der Herr Jäger kopfschüttelnd ankommt. »Das kann nicht stimmen«. Ich zeige ihm die vermeintlichen Einschüsse – und er erbleicht. »Was du mir da zeigst, sind Luftgewehreinschüsse! Das mußt du doch von einem 8 x 57 Kaliber unterscheiden können. Jetzt hab ich es erst richtig verstellt! Auf Frauen ist aber auch wirklich kein Verlaß, wenn man sie einmal braucht«.
Ich schleiche schuldbewußt zum Auto, lege mich rein und will nichts mehr von Kalibern wissen. Zur Strafe für so viel Dummheit kommen ein paar Mücken und stechen mich kräftig.
Nach einer Weile kommt auch mein Jäger und meint begütigend: »Woher solltest du das auch wissen. Komm, wir gehen erst mal was Gutes essen und fahren dann zum Michel«.
Dieser ist seines Zeichens Büchsenmacher und somit schlauer als wir beide zusammen. Nach zehn Minuten hat er den Schaden behoben, und bei der Schießprobe trifft mein Jäger sofort ins Schwarze. Somit ist gleichzeitig auch sein angeknackstes Schießselbstbewußtsein mitrepariert. Wir verlassen den hilfreichen Michel, um gerade noch richtig zum Ansitz zur Buckelwiese zu kommen.
Unerschrocken kommt der Mordsmäßige heran. Da brummt von der anderen Seite ein Moped an. Ich atme erleichtert auf – der Jäger stöhnt, während der Mordsmäßige entschwindet. Das Moped hält in Sichtweite. Ein Pärchen steigt ab. Sie genießen die Natur und alles Mögliche. Da steigen auch wir ab – vom Hochsitz. Auch mein Jäger ist irgendwie milde gestimmt. »Bist du etwa sein Schutzengel?« fragt er und schaut mich sogar richtig an! Mein Rotweinratgeber hat doch recht gehabt: Mitgehen! Dann erwischt man manchmal etwas Aufmerksamkeit.

Überraschungen für Jägersfrauen

Als meine Großmutter dem Großvater befahl, ein Huhn zu schlachten, sagte er, wie sich's gehört: »Ja«. Dann schlich er in einen Schuppen und konstruierte eine Hühnerguillotine. Diese wurde leider erst etwas später fertig als der Hühnerbraten. Oma hatte beherzt selbst das Huhn ergriffen. Dies Ereignis ist auch so ziemlich das einzige, bei dem sich meine Familie mit dem Töten eines Tieres befaßte.
Für mich kam ein Braten vom Metzger oder aus der Gefriertruhe. Doch nie verleitete mich mein Forschungsdrang weiter zu erfahren, woher das Fleisch dorthin gelangte. Nun war ich aber mit einem Jäger verheiratet. Was dies heißt, war mir alles andere als klar. Allein das Fluidum von grünen Auen und Wäldern spukte aus filmischer Erinnerung in mir herum.
Tropfenweise, natürlich schweißtropfenweise, erkannte ich das volle Ausmaß dieses Tuns. So erschien zu Beginn unseres gemeinschaftlichen Daseins mein eigentlich recht friedlicher Jäger mit bluttriefenden Händen, in denen ein ebenso bluttriefendes Messer steckte, und forderte mich auf in die Küche zu kommen. Ich zitterte in die Küche. Er holte einen Eimer. (Huch, was hat der bloß vor?)
Da klatschte er den Kopf eines Bockes auf's Spülbecken, daß es nur so spritzte! Wir hatten damals noch zwei sehr anders lautende Ausdrücke für das, was da spritzte. Dann rief er begeistert: »Na, ist der nicht phantastisch!« Ich war mehr ent- als begeistert und rannte davon und habe ihm, glaube ich, auch noch einige recht üble Sachen angedroht.
Als ich am nächsten Morgen baden wollte, stand der Eimer mit dem gräßlichen Kopf in der Badewanne. Ich maulte. Danach stand er auf dem Fensterbrett. Mittags wollte ich kochen, da stand dieser Kopf auf dem Herd, kochte und stank. Ich weiß nicht, was er an dem Tag aß.
Schon lange maule ich nicht mehr über die Gehörne, im Gegenteil, ich schaue sie mir mindestens halb so interessiert an wie er. Die erste Treibjagd kam. Ich fand den Tag als Treiber ganz ahnungslos schön. Nur die neun Hasen, die noch übrigblieben,

mußten eingefroren werden. Der Jäger balgte sie zwar ab, doch welche Teile ich als Braten haben wolle, oder was besser als Hundefutter geeignet sei, das wisse ich ja selbst besser. Ich wußte gar nichts und wollte auch keinen Braten, – aber das viele Fleisch? Ich schlachtete wild und wütend um mich herum.
Des Schicksals Tücke forderte uns aber auch anders heraus. Regelmäßig wenn eine Reise in Aussicht stand, unser Auto ausnahmsweise ohne Schweiß- oder Lehmflecken glänzte und auch ich mit schmutzempfindlichen modischen Details erstrahlte, kam der Ruf, irgend ein überfahrenes Reh zu holen und zu retten, was noch zu retten war. Dies geschah genau viermal. Das Fluchen kann ich dann getrost ihm überlassen.
Nur bewirkt seine Wut, daß sämtliche Türklinken kriminalpolizeiverdächtig kleben. Die darf ich dann noch schnell schrubben. Der Kofferraum sieht dann auch wieder aus wie gewöhnlich.
Manchmal muß nun aber auch ein Jäger Brötchen verdienen. Hilferufe aus dem Revier landen dann bei mir, da ich diese Materie ja sowieso kenne – meinen die meisten Bauern. So rief eine verzweifelte Bauersfrau an, mit der Nachricht, ein tollwütiger Fuchs säße in ihrem Keller. Ich organisierte einen momentan tatenlosen Jäger, (dies gibt es, wenn auch selten) und wir fuhren los. Ein kleiner Babyfuchs, war auf einem seiner ersten Alleingänge in die große Kelleröffnung gerutscht, die eigentlich für zentnerweise Kartoffeln, Rüben und sonstige Agrarprodukte gedacht war. Babyfuchs saß nun drin, wollte aber auch wieder raus – und eben dies gelang ihm durch die zwei Meter hohe Öffnung nicht. In seiner Panik tobte er durch ein Regal mit Eingemachtem. Was da so alles klebte, floß und flog! Vor Schreck verlor auch er was. Danach geriet er in die mühsam geleerten Flaschen und Gläser, die auf neue Verwendung warteten. Es klirrte wirklich fürchterlich. Mutig schritt der Jäger zur Tat und schoß. Zwei Stunden half ich der Bauersfrau Scherben zusammenkehren, die dem Füchslein wahrhaftig kein Glück gebracht hatten. Und mir? Das hat man also von einem Jäger: Schnittwunden!
Es kamen auch schöne Sommerabende, und ich hockte auf allen möglichen Hochsitzen herum und lernte vieles begreifen und genießen – nämlich die Natur selbst. So bildete ich mir nun im

Laufe der Jahre ein, jeder jagdlichen Situation gerecht zu werden. Großer Irrtum.

Wieder kam der Anruf eines flotten Autofahrers, der mir genau mitteilte, wo ein angefahrenes Reh liege, und wieder ist der Jäger nicht zu Hause. Ich fahre los, um das verendete Stück zu holen, doch als ich mich dem Tier nähere, hebt es den Kopf, versucht aufzustehen – es geht nicht. Große Augen sehen mich angstvoll an. Da sehe ich mit Entsetzen, das die Geiß kurz vor dem Setzen ist! Auch die Hinterläufe sind kaputt, das Tier muß unsagbar leiden. Was nun? Ausgerechnet heute ist keine Waffe im Auto. Ja und wenn? Wohin müßte ich zielen, könnte ich das denn? Wieder sucht die Geiß vor Angst und Schmerzen zu fliehen, und ich höre eigenartiges Stöhnen. Auch mir ist nach Heulen, doch das nützt sowieso niemandem. Ich muß nach Hause fahren und eine Flinte holen. Ja, aber was für Munition nimmt man da? Wo hat er die eigentlich versteckt? Zum ersten Mal wünsch ich mir, jagdlich mehr Bescheid zu wissen. Die großen Augen sehen mich immer noch gequält an, und ich stehe nur blöde herum. Da hält ein Auto. Ein bekannter Jäger steigt aus, grüßt erst freundlich, dann sieht er die »Bescherung«. »Ach herrjeh!« Auch er schaut entgeistert, geht dann zum Auto und holt seine Flinte. Peng. Er bricht schnell auf und holt auch noch zwei lebende Kitze hervor! »Die kommen ohne Mutter sowieso nicht durch« erklärt er, und

sein Messer verhindert dies dann auch endgültig. Nach der Uhr schielend meint er: »Au, ich muß mich beeilen«. Dann wischt er sich die Finger ab, springt in's Auto und winkt: »Schlimm so etwas, aber Sie kommen schon klar. Schöne Grüße zu Hause«, und weg ist der Helfer.
Ich stehe da wie auf einem Schlachtfeld und hätte größte Lust davonzurennen. Ein Neugeborenes guckt mich an, als wolle es sagen: »Ich hätte auch gerne mal Butterblumen gekaut«. Ich rubble es mit Gras bißchen ab und lege es in den Kofferraum. Nein, kein Fuchs soll die toten Kitze haben. Die Geiß ist furchtbar schwer, oder sind es meine Glieder, die wie Blei an mir hängen? Zu Hause guck ich nicht nur in die Flasche, nein, ich nehme einen großen Schluck, und als der Jäger erscheint, lisple ich: »Guck mal in den Kofferraum«. Als er wieder erscheint, ist auch seine Nase etwas blaß. »Wie ist das denn passiert?« Ich erzähle, und er nimmt einen noch größeren Schluck.
Wahrscheinlich stehen mir noch mehr Überraschungen in Aussicht, nur hoffe ich, etwas angenehmerer Art.

Dackelzucht

Eigentlich war Bunny eine Dame, nur benahm sie sich ganz und gar nicht so. Winselnd und heulend lag sie an der Tür, wedelte kokett mit ihrem schwarzgelockten Schwanz und sandte flehende »bitte, bitte laß mich doch endlich raus-Blicke« zu mir.
Durch das Glas der Tür schimmerte ein weißes, ebenso zappelndes Etwas. Es war Schnüffel, der Begründer eines Riesengeschlechtes von Mischmasch- Wauwaus. Er hatte rote Funkelaugen wie Verkehrsampeln und einen unendlich langen, gekringelten Schwanz. Solche Vorzüge fielen natürlich auf, und so verführte er Omas wie Teenager der ganzen umliegenden Hundewelt. Nun war also auch unsere Bunny ihm verfallen, denn eine volle Woche winselten sie sich nun schon durch die hölzern-gläserne Türschranke an. Ich war entsetzt. Trotzdem bewunderte ich Schnüffels Ausdauer. Ja noch mehr, ich stellte ihn Bunnys und meinem Herrchen als Vorbild hin, in puncto Treue und An-

hänglichkeit, da ja unser Herrchen Jäger ist, mit anderen Worten: er ist nie zu Hause. Auf Schnüffels Anhänglichkeit hin angesprochen, grinste er nur mitleidig und meinte: »Das würde dir so passen, daß ich winselnd vor deiner Tür liege.« Ich fand diese Vorstellung gar nicht so übel, doch er schnappte sich schon wieder die Flinte und entschwand.
Ich schnappte mir das Adressbuch und suchte die Anschrift eines standesgemäßen Bräutigams für Bunny. Max von und zu ... hieß der Auserwählte, und sein Herrchen war natürlich auch Jäger.
So fuhr ich mit Bunny am nächsten Tag los, um Hundehochzeit zu feiern. Maxens Frauchen begrüßte mich herzlich. Max selber überhaupt nicht, denn als er Bunny sah, war es um ihn geschehen. Bunny erwies sich als ein treuloses Weibsbild, ihren Schnüffel hatte sie auf einen Schlag vergessen, aber ich konnte sie verstehen. Platt wie eine Briefmarke legte Max sich erst einmal vor sie hin und winselte ein vollendetes Ständchen. Doch dann ging die Jagd los. Diesmal nicht durch den Wald, sondern durch's Haus. Wir Kupplerinnen mußten die Flucht ergreifen, da uns die Teppichbrücken fast um die Ohren flogen. »Ich glaube, wir sind hier überflüssig«, meinte Maxens Frauchen. Wir gingen in die Küche Kaffee kochen.
Ich hatte beim Planen dieses Manövers eigentlich nur an niedliche kleine Hunde gedacht, doch was nun kam, waren ernsthafte Pflichten: Ob ich denn schon einen Zwingernamen hätte und im Dackelclub wäre, wurde ich gefragt. Schließlich handelte es sich ja um Jagdhunde. Ob Bunny schon auf einer Zuchtschau war und ob sie Schwhk/Sp/Vp/St/Sw usw. hätte. Ich guckte noch dümmer als sonst, denn ich hatte keinen blassen Schimmer, was das alles bedeuten sollte. So erfuhr ich, daß diese Buchstaben so eine Art Orden in der Jagdhundewelt für bestandene Prüfungen bedeuten. Ich zeigte mich dementsprechend beeindruckt, bangte jedoch um Bunny. Wie sollte ich ihr das alles beibringen? Zwar fand sie alle Spuren und gehorchte auch hin und wieder, aber Prüfungen? Während unsere sonst so eifrigen Jagdgefährten im siebenten Hundehimmel schwebten, wurde ich gründlich aufgeklärt. Die erfahrene Jägersfrau hielt mir geduldig und mit

großer Begeisterung einen Vortrag über Hundezucht, der mich restlos von dieser Notwendigkeit überzeugte.
Mit beachtlichem Wissen über Hunde angereichert, noch mehr Adressen und der todtraurigen Bunny, machte ich mich auf den Heimweg. Max winselte herzzerreißend hinterher, während sein Frauchen fröhlich winkte.
Unsere nächste Station war die des Zuchtwartes. Natürlich war nur seine Frau anwesend. Überhaupt waren es meistens Frauen, die diese Arbeit machten. Die Männer waren mit dem Einkassieren der Lorbeeren beschäftigt oder auf der Jagd.
Elf Dackel waren es, die uns im Hause des Zuchtwartes begrüßten, und einer versuchte den anderen an Herzlichkeit zu überbieten. Bunny hatte sich etwas verstört verkrochen und knurrte respekteinflößend vor sich hin. Nur ich hörte den ängstlichen Unterton.
Ich kraulte wild um mich. Drei Dackel saßen auf meinen Knien, während vier andere sie wieder herunterzuziehen versuchten und einer kratzte und massierte mir den Rücken. Ihr Frauchen saß völlig gelassen da, obwohl ähnlich belagert, und machte mich mit noch mehr Pflichten vertraut, die mein begonnenes Unternehmen mit sich brachte.
Kinder zu erziehen erschien mir dagegen wahrhaftig eine Kleinigkeit. Dann mußte ich ein wichtiges Papier unterschreiben. Ich versuchte aufzustehen, doch irgendwo hing ich fest. Mit einem energischen Ruck gelang es mir dann doch – ratsch – der Rock war kaputt. Die lieben Dackelchen hatten den Sessel so präpariert, daß man sich sofort festhakte. Verlegen hielt ich das Loch zu. Beim nächsten Niedersetzen hielt ich mich mehr rechts, um dem Haken zu entgehen, doch plumps – schon saß ich auf dem Boden, die Beine hingen noch im Sesselgestellt. Das Elf-Dackel-Frauchen mußte sehr lachen, und ich glaube auch, daß ich sehr komisch aussah. Sie hatte dezent eine Decke über das Loch im Sessel gedeckt, damit man die Zerfetzarbeit ihrer lieben Tierchen nicht so schnell entdeckte. Ich faßte in diesem Moment den grausamen Entschluß, meine zu erwartenden Dackelkinder nicht ins Wohnzimmer zu lassen. (Ich hielt mich auch daran.)

Selten hatte ich an einem Tag so viel gelernt. Und als ich mit schwer beladenem Kopf über Dackelzuchtkenntnisse zu Hause ankam, um Herrchen Bericht zu erstatten und auch ihn mit seiner neuen Verantwortung vertraut zu machen, war er natürlich auf der Jagd. Irgendwann wird es vielen Frauen so gegangen sein, darum gibt es auch so viele Züchterinnen.
Todmüde hockte ich mich auf meinen zum Glück noch heilen Sessel. Bunny kam und winselte mir ihren Liebeskummer vor. Ich tröstete sie und erklärte ihr, daß Männer immer anderweitig viel Wichtigeres zu tun hätten.
Also auch bei Hunden trifft es zu: Von der Wiege bis zur Bahre – Formulare. So machten wir uns pflichtbewußt auf zur Zuchtschau. Zweimal machten wir in einem kleinen Kreis die Runde, wie in einer Zirkusarena. Bunny wollte ihr Mißfallen zeigen, indem sie einen Buckel machte, um etwas zu hinterlassen, doch ich zerrte sie schnell weiter, und da siegte wohl angeborene Eitelkeit. Sie lief nicht, sondern tänzelte die Menschenbeinmauer entlang, mich jedoch ein zweites Mal in eine verfängliche Situation bringend, indem sie vor Aufregung ständig die Seite wechselte und mir die Leine um die Beine wickelte. Trotzdem bekam Bunny den ersten »Orden«, ein schlichtes »V«. Dies heißt »vorzüglich« und ist die beste Benotung bei dieser Schönheitsschau. Also nicht jeder Hund ist würdig für anerkannte Nachkommenschaft. Ein Glück, daß bei Menschen großzügiger verfahren wird...
Weitere Aufregungen blieben ihr und mir nun erspart, und sie hatte Zeit ihre Früchtchen auszubrüten. Bald hatte sie eine Figur, die ihr wahrhaftig kein »vorzüglich« mehr eingebracht hätte, und anstatt zu laufen, kullerte sie durch die Gegend. Sehr schnell begriff sie, daß sie nun so eine Art Narrenfreiheit genoß, was sie auch ausgiebig nutzte..
Zu ihren Pflichten gehört es, morgens Herrchen zu wecken. Nun begann sie, ihn auch nachts mehrmals zu wecken. Nicht immer, um außerhalb des Hauses etwas zu erledigen, es begann ihr Spaß zu machen, wie Herrchen ihren Wünschen parierte. Mir eigentlich auch, denn bis heute hab ich dies nicht geschafft. Äußerlich stellte ich mich in solchen Momenten tot.

Dann kam der große Tag. Mit größter Mühe baute sie sich sieben Höhlen um's Haus herum. Ich kroch ihr hinterher um den großen Augenblick nicht zu verpassen. Die Wurfkiste würdigte sie noch keines längeren Aufenthaltes, holte sich nur schnellstens die dort zur Gewöhnung deponierten Leckerbissen heraus. Am Abend bezog ich Warteposten, da sprang sie zu mir auf die Couch und begann ernsthaft unter meinen Kniekehlen eine neue Wurfhöhle zu bauen. Da verbannte ich sie endgültig in ihre Kiste und setzte Herrchen an (schließlich gehört der Ansitz zu seinen Lieblingsbeschäftigungen) mit der Bitte, mich ja zu wecken, wenn das große Ereignis stattfinde. Ich hatte völlig vergessen, daß auf Männer ja kein Verlaß ist.

Am Morgen wecken mich dicke Zigarettenrauchschwaden, und dahinter sagt eine Stimme sehr depremiert: »Es ist schon alles vorbei«. Mit einem Satz war ich unten. Bunny winselte mir kurz entgegen, dann leckte sie ihre Kinder weiter. Vier schwarze Mäuse lagen da, alle um sie herum drapiert, damit ihre Leistung auch völlig zur Geltung kam.

Es wurde für uns alle ein recht abwechslungsreicher Tag. Bunny brach sich fast das Genick, als sie zum erstenmal raus mußte und es so eilig hatte, wieder zu ihren Kindern zu kommen, daß sie eine zwei Meter hohe Stützmauer heruntersprang! Ich konnte sie zum Glück gerade noch auffangen.

Ein Baby fand das Milchnuckeln zu mühsam und schied somit schon nach zwei Tagen von uns. Die drei anderen brauchten nun erst mal mit A beginnende Namen. So wurde aus dem Rüden ein Asterix, seine Schwestern wurden Aniki und Anusch.

Asterix benahm sich wirklich wie der starke Mann in der Wurfkiste. Er sah aus wie in einer Kuchenform gebacken. Alles an ihm war viereckig, Schnäuzchen wie Körper. Auch ließ er sich nie lange auf dem Arm halten, um nicht etwa eine Gelegenheit zu verpassen, einer seiner lieben Schwestern einen Biß oder Schubs mit der Schnauze zu verpassen. Aniki blieb die Kleinste, Frechste und Flinkste. Sie und Asterix balgten sich den Tag hindurch, nur von Schlaf- und Freßpausen unterbrochen. Anusch war faul, dumm und bildhübsch. Besaß also sämtliche hochgeschätzten weiblichen Eigenschaften. Während Aniki schon längst Entdek-

kungstouren machte und Asterix wütend hinterherjaulte, da er mit seinem dicken Bauch nicht aus der Kiste kam, schlummerte Anusch zufrieden. Aniki raste schon die Treppen rauf und runter, Asterix plumpste hinterher, Anusch sah die Mühsal dieses Hundelebens und übte nur noch ihren süß-flehenden Hilfeblick.
Wir gewöhnten uns daran, daß es ständig irgendwo quietschte, und lernten die Schattierungen der Töne unterscheiden, die uns einen Ernstfall anzeigten. Nur an die eifrig betriebene Produktion feucht-klebriger Hinterlassenschaften gewöhnte ich mich nie. Dafür gewöhnte ich mir einen etwas nervösen, leicht irre suchenden Blick an. (Meistens stand ich schon in dem nicht gerade duftenden Gesuchten.) Als Anusch endlich den ersten gewagten Schritt in der ›Treppenherunterplumpspraxis‹ unternahm, gelang es ihr natürlich an der höchsten Stelle und so unglücklich, daß sie sich gleich zwei Rippen brach. Ich legte sie gesondert, damit sie vom Temperament ihrer Geschwister verschont bliebe, und sie schaute mich so dankbar dumm an, daß auch ich ihrem Charme erlag und mich nicht sehr für ein neues Heim für sie bemühte.
Währenddessen kämpfte Bunny um Autorität in der Hundekiste. Asterix hatte gelernt, wie herrlich sich Mamas Ohrbehang als Schaukel eignete, ja selbst Anusch fand dies sehr lustig. Besonders, wenn Mama dann vor Wut zu rasen begann.
So vergingen die Wochen mit Gequietsche, seltsamen Düften, Aufregungen und vielen komischen Episoden, bis der Tag der Trennung kam. Asterix' neues Herrchen kam. Unser starker Hundemann tappelte auf ihn zu, wurde auf den Arm genommen, und bis heute kann ich es nicht fassen: er würdigte keinen von uns mehr eines Blickes! Weder Mutter, Geschwister, noch mich. Hatte er von uns so die Nase voll? Er steckte sie diesem Fremden unter den Arm und machte keine Anstalten, sich je wieder mit jemand anderem zu befassen – und entschwand. Tags darauf verließ uns Aniki, und nun kam Anusch's große Zeit.
In wenigen Tagen erschmeichelte sie sich sämtliche Lieblingsplätze ihrer geplagten Mutter und erwies sich ansonsten als Kleptomanin im schlimmsten Stadium mit wenig Heilungschancen. Die Strafe blieb nicht aus. Auf dem Heimweg von einer

Klautour aus Nachbars Blumenbeeten wurde sie überfahren. Es war das erste Mal, daß ich einen Hund in Ohnmacht fallen sah und dies mit Blümchenschmuck im Schnäuzchen! Sie hatte ein sicheres Gespür für große Auftritte und nahm selbst einen doppelten Beckenbruch dafür in Kauf. Bis alles glücklich verheilte, war sie schon fünf Monate alt und mit ihren Clownmanieren aus unserem Haushalt nicht mehr wegzudenken.
Gestern jaulte Schnüffel vor der Tür und Bunny sowie Anusch begrüßten ihn mit unverhohlenem Sehnsuchtsgewinsel. Hatten Mutter und Tochter denselben Verehrer? Eine Hundemoral ist das heute. Ich habe ihn weggejagt, und dies gilt für alle Schnüffels und Mäxchens. Basta!

Grüne Witwen

Treibjagden! Eine Zauberformel für die Aktiven, ein Fluch für die lieben Familien. Direkt aufreizend ist der Anblick, wenn so ein Jäger den Kalender anstrahlt, anstatt seine Frau. Die Wochenenden reichen wieder einmal nicht aus, um überall dabei zu sein, und einige Jagden fallen auch noch zusammen! Es ist ein Jammer, zu welcher Jagd er sich auch entscheidet, eine andere verpaßt er »leider« immer.
Sieht man so den Jägersmann über seinen Gewissenskonflikten brüten, entgleisen die Gedanken vieler Jägersfrauen racheartig, nach Hinderungsgründen suchend. Da bin ich keine Ausnahme.
So knallt ein hoffnungsvoll strahlender Jägerblick auf meinen finster brütenden ›Jägersfrauenwochenendblick‹. Doch dagegen sind die Grünröcke längst immun. Bei Frauen dauert es meist länger, bis sie sich an leere Räume, dafür aber um so dreckigere Jagdverkleidung gewöhnen. Immun wird man nie – denkt man, eher stumpfsinnig, je nach Veranlagung.
Einzige Möglichkeit, einen erträglichen Zustand zu bewahren, ist völlige Kapitulation. Das heißt, als Treiber mitmarschieren, was dann sogar Spaß macht, wenn nicht gerade Herbst und Winter sämtliche Wolken über einem ausquetschen und die Kälte sich an der Nase festbeißt.

Doch die Zeit vergeht, und so freut man sich dummerweise auf die sogenannte Schonzeit. Ein kleiner Winterurlaub schlummert in der ›Gedankenvorschlagskammer‹. Doch leider, wer füttert dann das Wild?! Schließlich bleiben doch nur die Wochenenden, um diese wichtige Pflicht zu erfüllen, und in erster Linie ist er ja Heger. Aha, von was wohl? fragt meine Zunge vorlaut, doch er beherrscht die Kunst des Überhörens.
So gondle ich im stinkenden Jeep mit durch die Winterlandschaft und passe auf, mich ja nicht bei einem zufriedenen Gesichtsausdruck erwischen zulassen – eigentlich ist es aber herrlich hier draußen. Nur meine zu begeisterungsfähige Zunge verrät mich wieder, wenn Hasen oder Rehe unseren Weg kreuzen.
Das Frühjahr kommt, und der Jäger scheint aller Pflichten enthoben. Doch wieder Fehlanzeige. Wildfütterungen müssen gereinigt, Hochsitze repariert und gebaut werden. Wild muß auch noch gezählt sein, und alles natürlich am Wochenende.
Hunde und ich genießen Frühlingsdüfte, Blühen und Grünen, während der vielbeschäftigte Jägermensch seinen Hammer auf Hochsitzhölzer donnert und den Frieden stört. Die Jagdvorbereitungen nehmen kein Ende, trotzdem entschließt er sich großmütig, den Hunden und mir Gesellschaft zu leisten. Ganze hundert Meter spazieren wir zusammen – da horch! Taubengegurre erreicht sein jagdlich übersensibles Gehör, Auge oder Gehirn. Für eine völlig unbewaffnete und somit unbrauchbare Waldbesucherin wie mich heißt es nun: stillgestanden! Dies kann nicht nur länger dauern – es dauert garantiert länger, während mir die Füße einschlafen und meine Gehirnschimpfader zu rotieren beginnt. Da kommt er stolz mit dem Vögelchen an, und der dumme Hund freut sich auch noch mit! Den Hund darf ich ja nicht schimpfen, so bleibt es auch dem Herrn erspart. Hat der ein Glück!
Ja, und dann kommt endlich der ganz große Tag. Die Bockjagd beginnt! Nach einer *so* langen Jagdpause erscheint es meinem Herrn Jäger wie eine Erlösung. Nur ich habe von der Pause gar nichts gemerkt – seltsam. Jetzt ist er nicht nur an Wochenenden, nein auch morgens und abends unauffindbar und wundert sich, wenn ich ihn versehentlich mit *Sie* anspreche. Damit dies nicht

noch einmal passiert, verlege also auch ich einen Großteil meines Daseins auf Hochsitze.
Nach einigen Tagen kenne ich die diesjährige Flora und Fauna genau, ja jeden Grasbüschel, Ast oder sonstige Unebenheiten, die sich meinem inzwischen geübten Naturblick bietet.
Da ich für Abwechslung bin, begleitet mich oft irgend ein Büchlein, indem ich gerade dann umblättere, wenn er ein Stück Wild entdeckt hat. Ein ›Blickschußvolltreffer‹ erreicht mich, von dem ich zum Glück nicht tot umfalle.
So nebenbei muß er noch irgendwie Zeit aufbringen, um Wildfutter anzubauen; jäten darf dann ich. Dies muß man dann aber auch ernten und unterbringen.
Ich leiste mir die Sommerabwechslung, baden zu gehen, natürlich ohne Jägerbegleitung. Da trifft man liebe Bekannte, die dämlich fragen: wo ist denn *Er*? Um solcher Anteilnahme aus dem Weg zu gehen, begebe ich mich also wieder zu *Ihm* – und stehe natürlich wieder mitten im Wald. Allerdings ohne Waldeslust..., wer hat nur dies dumme Lied gedichtet? Bestimmt keine Jägersfrau, denn ich verspüre nichts dergleichen und sitze auch noch auf einem Hochsitz mit ›Aststummelausstattung‹.
Dies ist auch die Zeit der Jagdbesuche. Tage und erst recht Nächte hindurch branden heiße Diskussionen an mein immer und immer wieder das Wort »Jagd« vernehmendes Ohr. Ist das ein Ohrwurm?
So verreise ich Jägerwitwe zu lieben Verwandten, die Jagd für ein »hübsches Hobby« halten, sich aber sonst nicht drum kümmern. Ich gebe mir Mühe, mich zu erholen, und lausche genüßlich den unjagdlichen Dialogen, selbst unfähig, mich zu beteiligen, denn was kenne ich schon außer J...? Ach, das wollte ich doch vergessen.
Doch nach sehr kurzer Zeit fehlt mir etwas. Was könnte das wohl sein? Ich denke scharf nach und komme zu dem furchtbaren Ergebnis. Schnell wurden Koffer gepackt, und am Abend sitze ich wieder auf dem Hochsitz. Wie schön! Endlich hat er auch den Aststummel entfernt, und ich genieße.
Dann flattern wieder Karten ins Haus worauf steht: Einladung zur Treibjagd! Was kommt dann? Siehe Anfang.

»Fuchs, du hast uns die Nerven gestohlen«

»Marie« kräht es angstvoll aus dem Hühnerstall. Was da so ungewöhnlich kräht, ist kein Hahn, sondern der Bauer Jochen, dem sich vor Schreck die Stimme überschlägt. Fassungslos holt er noch einmal tief Luft, um erneut loszukrähen. »Ma..«, doch da steht sie ja schon, vor ihrem Mann. Auch sie kriegt entsetzte Kulleraugen. Man könnte jetzt feststellen, daß diese eigentlich wunderschön blau sind, doch darauf legt im Moment oder überhaupt niemand großen Wert.
Ein blutgetränkter Federnwust liegt vor Ihnen. Bis Jochen die Fassung wiederfindet, hat Marie schon dreiundzwanzig tote Hühner gezählt.
Bauer Jochen entschließt sich, etwas zu unternehmen, während Marie die Opfer der fleißigen Füchse, wie sie richtig vermuten, einsammelt und auch sonst Ordnung im Hühnerstall schafft.
Sie hat es sich zwangsläufig angewöhnt, die Arbeit zu machen und ihrem Mann das Denken zu überlassen, nur ist sein Denken meist überflüssig geworden, wenn sie zugreift. Diesmal aber nicht.
Er schreitet, noch in Schweinestallstiefeln, ans Telefon. Der Jäger muß her. Wozu ist der denn sonst da? Schießt immer nur Böcke, während die Füchse Orgien in seinem Hühnerstall feiern. Daß er übersehen hat, die Luke zu schließen, vergißt er ganz schnell und bewußt.
Da fällt ihm ein, daß der Jagdpächter ja im Krankenhaus liegt. Auch er würde jetzt lieber bequem im Bett liegen, denkt er, als sich mit wahnsinnigen Füchsen rumzuärgern. Wieviele gute Legehennen weggeschleppt wurden, außer den im Stall liegenden, weiß er noch gar nicht. Hoffentlich sind es auch viele, damit er Grund hat, noch mehr zu schimpfen. Er steigert sich in eine schöne Wut. Das füllt ihn – und den Tag – aus.
So wird der zweite Jäger des Reviers telefonisch anvisiert. Die Jägersfrau Anni meldet sich. Bauer Jochens Stimme klingt nun sehr viel anders als vorher im Hühnerstall, nämlich flehentlich, fast wie die Stimmen seiner Hühner in der letzten Sekunde, vor dem tödlichen Zubiß.

Die Jägersfrau, längst nicht so tatkräftig wie seine Marie, hört Jochens Schauerbericht. Auch ihre Gesichtszüge entgleisen, nach dem Muster: »Auch das noch!« Sie ahnt, was auf sie zukommt. Dabei ist Besuch da. Die Jägerschwiegereltern, die sowieso schon erstaunte Augen machen, wenn der liebe Schwiegersohn allabendlich mit Bockbüchse dem Familienclan entflieht und den Schwiegervater allein vor dem Schachbrett sitzen läßt.
Jetzt wird eben ›Such den Hühnerdieb‹ gespielt. Das heißt, alle Fuchseigenheime abklappern, ob begangen oder nicht, und morgens wie abends lauern, um die Untiere zu erlegen, die in so vielen Hühner- und Menschenheimen Unruhe schaffen.
Die Jägersfrau ruft erst einmal die Frau des Jagdpächters an, denn schließlich muß der Pächter doch informiert werden, doch seine Frau meint: »Ja nicht, der Krankenhausaufenthalt ist für ihn in der gerade aufgegangenen Bockjagdzeit ärgerlich genug«. So regt sie sich lieber alleine auf.
So klingelt bei Anni mehrmals Bauer Jochen an, um sich nach dem neuesten Stand des Fuchstötens zu erkundigen. Dann meldet sich die besorgte Pächtersfrau mehrmals aus dem gleichen Grund. Des weiteren klingeln hilfreiche Jägergesellen, erfüllt von fuchsmordlüsternem Tatendrang, an, und der krankenbettsitzende Pächter hat es nun doch noch irgendwie erfahren und klingelt ebenfalls aufgeregt und interessiert mit um die Wette.
Jägersfrau Anni sehnt sich nach einer Telefonstörung. Schwört ihren mitleidig dreinschauenden Eltern wider besseres Wissen, daß dies ja nur eine Ausnahme ist und ihr lieber Mann sonst meistens zu Hause ist und ihr, der lieben Frau, seine volle Aufmerksamkeit widmet. Sie merkt, wie sie bei so viel Schwindelei rot wird und rennt zum ausnahmsweise im richtigen Moment klingelnden Telefon.
Jagdfreund Hans erkundigt sich, was man tun könne, da in seinem Revier in einer Hähnchenfarm achtundvierzig Hühner über Nacht vom Fuchs umgebracht wurden. Anni rät: »Erschießt die Hühner, dann ist endlich Ruh!« Hans ist entschieden, wie selten, anderer Meinung.
Das Wort »Fuchs« geistert wie ein Gespenst durch Bauern- und Jägerhäuser. Nach einer Woche ist der Spuk erfolgreich besiegt.

Mit dem Unterschied, daß nun nicht mehr der Fuchs das Gespenst ist, sondern die bleichen, übernächtigten, ja gespenstisch aussehenden Jäger, von denen einer zu allem Überfluß noch mit seinem Schwiegervater Schach spielen muß.

Jagd ums Schlüsseltreiben

Essen ist immer wichtig. Nach einer Jagd erst recht, und ich erhielt völlig ungebeten die Ehre, für etwa fünfzig hungrige Jäger- und Treibermägen zu sorgen. »Machst halt ein bißchen mehr'als sonst«, erklärte mein Jäger. Sonst koche ich nur für zwei, das heißt also 48 Portionen mehr herzustellen. Ich träume einige Tage von einem Freßgebirge, während unsere Portionen zur Probe immer größer geraten.
Sein nächster Ratschlag klingt so: »Koch lieber hier zu Hause, und bring dann alles in's Wirtshaus. Mit dem vorsintflutlichen Herd kennst du dich bestimmt nicht aus«. Ich wage zu fragen: »Wieso kocht eigentlich nicht die Wirtin?« Sein Gesichtsausdruck findet diese Frage lästig, doch er erklärt: »Die liegt doch ausgerechnet jetzt im Krankenhaus, Unfall oder so etwas Ähnliches«.
Mein Wissensdurst über diese sonderbaren Wirtshausverhältnisse ist immer noch nicht gestillt, und ich frage noch: »Warum geht ihr dann nicht einfach in eines mit Wirtin?«
»Kennst du die Bauern und Jagdgenossen? Die würden sich schön ärgern, wenn wir in's Nachbardorf gehen. Wir müssen eben abwechseln.«
Allerdings, Bauern darf man nicht verärgern. Was macht es da schon, wenn die auserkorene Köchin fast schlaflose Nächte hat beim Überlegen, woher man solche Badewannentöpfe nehmen soll und wie man so was transportiert, ohne das Auto beim sachten Bremsversuch in einen Suppenteller zu verwandeln.
Ich kenne meine zukünftige Wirkungsstätte noch nicht und schöpfe unverzeihlicherweise auch noch keinen Verdacht, als mir noch geraten wird: »Fahr etwas früher hin, das Haus ist etwas vergammelt.«

Dann ist es soweit. Der Beschreibung folgend lande ich mit meiner Fressalienfuhre vor einer alten, etwas groß geratenen Hundehütte, von leuchtend grüner Farbe zusammengehalten. Nur ein Colaschild verrät, daß ich hier richtig bin. Oh, Schreck! Ich wage mich herein, und öffne forsch die erste Tür. Ein düsterer Raum, in dem ein Herd mir entgegenglüht. Daneben strahlt ein weißer Gipsfuß. Der Besitzer desselben strahlt weniger, hält sich aber tapfer an einer Flasche fest. Wir gucken uns gegenseitig erstaunt an, dann lallt er: »Ah, Sie san's.« Ich kenne ihn zwar nicht, brülle aber anstandshalber eine Begrüßung. Irgendwie sieht er schwerhörig aus. Dann frag ich, ob hierher die Jäger kämen. Er nickt mühsam.

Außer dem Herd befindet sich noch eine Couch in der Küche, die aber schon lange nicht mehr als solche benutzt werden kann. So hoch stapeln sich Klamotten verschiedenster Herkunft. Dann ist da noch ein Schrank ähnlich verhüllt. Ich überschlage in Gedanken kurz den Zeitaufwand um Teller und Besteck auszugraben und erkenne: ich muß mich beeilen.

So stelle ich erst einmal das Essen warm.

Da erscheint der wahrscheinliche Erbe dieses Besitzes. Sein Seemannsgang verrät, daß er das Erbe der Gewohnheiten seines Vaters schon angetreten hat. Anstelle einer Begrüßung grunzt er: »Aha, gibt's was zum Essen?« »Vielleicht« stelle ich in Aussicht. »Zeigen Sie mir erst einmal den Gastraum«. Er schwankt dienstbeflissen voran. Mir schwante nichts Gutes, aber das? – Fünfzehn nicht völlig brauchbare Stühle und zwei Tische sowie ein eiskalter Kachelofen waren das Inventar dieser schaurigen Stätte. Ich werde selten wütend, aber jetzt war ich es, und diese Wut wurde meine rettende Energiequelle, denn anders hätte ich es nie geschafft!

Das Opfer ist allerdings der wackelnde Wirtssohn. Er lernt vor Schreck fast gerade zu gehen, während ich ihn antreibe, nach Tischen und Stühlen zu fahnden, die wir dann abschleppen, bis glücklich genügend Sitzgelegenheiten vorhanden sind.

Dann nahm ich den Kachelofen in Angriff, das einzig schöne Stück im Haus. Ich stopfe den Ofenrachen voll und will mich gerade freuen, wie schön das Feuer prasselt, da humpelt händeringend der Vater in die sogenannte Wirtsstube und schreit: »Nicht anheizen! Sonst brennt das Haus ab (schade wär's nicht), da ist so ein Besoffener drangeflogen, und jetzt sind die Kacheln alle locker!«

Eigentlich brauchte er das gar nicht mehr zu sagen, denn schon seh' ich die einzelnen Kacheln fröhlich wackeln. So renn ich nach Topflappen und nassem Handtuch und hielt den Ofen zusammen. Dankbar war ich für die gute Eigenschaft dieser Öfen, noch lange Wärme auszustrahlen, auch wenn kein Feuer mehr brennt, und da auch ich glühte, wurde es schon fast gemütlich warm.

Jetzt hieß es noch schnellstens Geschirr suchen. Es befand sich – natürlich nicht im Schrank, sondern genau so verstreut wie die Stühle und Tische. Muß ich noch erwähnen, wie gründlich alles erst einmal geschrubbt werden mußte? Noch schwieriger erwies sich die Beschaffung des Besteckes. Nach langem guten Zureden

erinnerte sich mein jetzt hechelnder »Helfer« einer Schachtel. Ja, aber wo? Er dachte nach, doch das dauerte zu lange. So klappte ich ein paar Schachteln auf, doch überall befand sich nur Zeitungspapier drin. Verflixt! »Da hast es ja schon«, sagt der Nachdenker, mich nach gemeinsamer Arbeit schlichtweg duzend. Ich rollte aus, was das Papier verbarg. Jede Gabel, jedes Messer, jeder Löffel gründlich eingerollt! Wer hatte bloß diesen Einfall, und womit essen die sonst? Aber eigentlich überrascht mich hier nichts mehr, dachte ich einen kurzen Moment lang und war ja auch bald darauf fertig.

Da kommt mit drohender Miene und Schnapsflasche der Wirtssohn angewankt. Sein Alkoholpegel schien wieder aufgefüllt und er entsprechend mutig: »So, jetzt waschst mir meine Haar'!« befiehlt er. Notwendig wär's allerdings, aber mir reicht's. Ich sage: »Bitteschön«, hebe den Deckel vom Sauerkrauttopf hoch: »Da halt deine Locken rein«. Er ist zum Glück so verdattert, daß ich noch Zeit habe, aus der Wirtsstube rauszuflitzen. Ich will in's Auto und auf jeden Fall weg von hier. Doch da kommen die Jäger! Noch nie habe ich sie so herbeigesehnt.

»Na, wie ging's?« fragt mein, wie das schlechte Gewissen in Person, heranschleichender Jägersmann. »Prächtig, nur dem Wirt muß man noch den Kopf waschen.« Da schaut er plötzlich sehr besorgt.

Nach einer Vorhut von mindestens zehn Jägern, wage ich mich wieder herein. Der Reinlichkeitsbedürftige ist verschwunden, dafür aber sind nun viele andere da, die helfen, und was unmöglich schien, wird wahr. Alle werden mehr als satt, alle sind zufrieden, und die Stimmung steigt.

Die Jagd war erfolgreich. Ich finde, meine auch, so daß mir plötzlich sogar Bier schmeckt, oder habe ich mich dem Brauch des Hauses angepaßt? Vom Nachbartisch höre ich: »Wer hat hier gesagt, dies wär eine furchtbare Kaschemme? Ich find es ganz urig hier«. Ich denke: Hoffentlich fällt keiner gegen den Ofen, und sage laut: »Prost!«

Fuchsbauverrat

Das Wetter ist miserabel – wie meine Stimmung. So eine Art Wirbelsturm »Diana« fegt über die Jagd-Hütte hinweg und zwingt die Bäume zu tiefen Verbeugungen, daß sie sich fast das Genick brechen. Hoffentlich nicht auf das Dach der Jagdbehausung.
Ich darf hier wieder mal über's Wochenende drei Jäger versorgen, die selbst bei diesem Wetter Mutter Natur auf den Zehen oder sonstwo rumtrampeln. Sie nennen dies respekteinflößend: Ausüben des Waidwerks. Ich nenne es: ... ach, danach fragt ja niemand.
Die fetten Wolken machen den Tag zur Dämmerung, so sieht man wenigstens keinen Dreck. Wäre mir auch egal. Ich angele nach dem nächstliegenden Buch: »Vor und nach der Jägerprüfung« steht da. Auch das noch! Ich blättere etwas böse darin. Ach – da habe ich auch schon das Richtige: ›... Nur früher war Jagd also ein primitiver Vorgang des Tötens, inzwischen nennt man dasselbe Pflegen des Waidwerks...‹
Man spricht von Jagdkultur mit ethischem und praktischem Wert. Ich bin beeindruckt und erinnere mich an das Verhalten der ethisch geschulten Jäger bei der vergangenen Jagdverpachtung. Hm! Wahrscheinlich habe ich von Kultur und Ethik einen falschen Begriff, – kann ja sein. Lauter Donner kracht. Es klingt wie eine Antwort meiner braven Jäger-Heger für mein Unverständnis.
Nun gut, ich überrede mich, tolerant zu sein, und steige in Gummistiefel und vieles mehr, bis ich wie eine Sturmboje aussehe, und gehe meinen Freund besuchen. Er ist schon uralt und so dick, daß fünf Erwachsene mindestens erforderlich sind, seinen dicken Bauch zu umfassen – eine Eiche! Für die ist ein Sturm wie heute wahrscheinlich nur ein kleines Stürmchen. Ihre vernarbte Rinde zeigt dies jedenfalls.
Ich steige auf den gegenüberstehenden Hochsitz und schau mir über die dazwischenliegende Lichtung hinweg dies gewaltige Stück Natur an und erhalte meine Lektion. Hinter den Felsen zeigt sich plötzlich ein Stückchen blauer Himmel und macht sich

mit Höchstgeschwindigkeit breit. Die Sonne segelt pflichtbewußt hinterher, und alles Leben im Wald, welches genau so naß ist wie ich, kommt dankbar hervor, um sich schnellstens an den Sonnenstrahlen abzutrocknen. Staunend sehe ich, daß der Baum eigentlich ein Hochhaus mit mindestens einhundert Appartements ist. Aus allen erdenklichen Löchern und Winkeln kriecht, krabbelt und fliegt Leben. Soviel großzügige Gastfreundschaft hätte ich dem finsteren Baumburschen nie zugetraut. Da! Eine Nase schiebt sich aus einer Wurzelhöhle. Kurz danach toben drei übermütige Füchslein vor dem Bau. Sie kämpfen so gekonnt, als ginge es um die ›Fuchsraufboldweltmeisterschaft‹. Mit Schrecken fällt mir ein, daß ich den Jägern sagen müßte, daß sich hier ein neuer Fuchsbau befindet. Ach, sollen sie doch selber suchen. Der Anblick ist zu drollig.

Da höre ich kurzes Fiepen unter mir. Ein Rehkitz! Und Rehmama kommt auch gleich zum schreienden Sprößling, und gleich darauf höre ich es eindeutig schmatzen. Ich schiele zum Fuchsbau. Nanu? – Alle verschwunden. Dafür entdecke ich hinter einem Felsen einen ausgewachsenen Fuchs, der mit eindeutig hungrigen Augen nach dem Kitz giert. Oh, was nun? Vor Schreck wird mir siedendheiß, und ich hüstele ein bißchen. Wutsch – weg sind alle, Fuchs und Rehe. Haben sich ausgerechnet vor mir in Sicherheit gebracht.

Ich gehe zur Hütte zurück und überlege, wer wohl mehr Recht auf Leben hat, aber Tollwut wütet in der ganzen Gegend. Na, dann ist der Heger also doch notwendig, und drei von dieser Sorte stehen naß da und staunen: »Was, bei dem Wetter warst du draußen?« Ich erzähle begeistert und begehe den Verrat.

Mein erster Anblick am nächsten Morgen ist ein großer Zeh, der sich vorsichtig, um nicht zu stören, aus dem über mir stehenden Bett senkt. Die Morgendämmerung verhüllt den Reinlichkeitsgrad. Der zweite Fuß erscheint schon fertig besockt. Dann schleicht der Besitzer dieser prachtvollen Pirschwerkzeuge aus dem Kämmerchen. Als nächste Wahrnehmung schlängelt sich Kaffeeduft in meine Nase, und eine Tasse mit dieser Köstlichkeit steht vor meinem Bett. Drei Uhr morgens! Aus weit geöffneten Fenstern lausche ich dem herrlichsten Konzert. Ich schätze, daß

mindestens einige hundert Zwitscherkünstler aus purer Lebensfreude sich so überanstrengen. Auch ein Kuckuck ruft laut. Vielleicht geht mein Kaffeekoch zu diesem..., denke ich, wie er bewaffnet davonschleicht.
Ich erhalte Besuch. Ein Eichhörnchen beweist seine Akrobaten- und Clownabstammung, indem es am Baum vor dem Fenster herumturnt. Dann spielt es mit seinem buschigen Schwanz Nasepudern, während es zum nächsten Ast hopst. Nun wirft es wild mit Tannenzapfen um sich. Patsch! Mir in den Kaffee! Das geht nun doch zu weit. Ich werf zurück, doch das Eichhörnchen ist schon viele Äste weiter. Dafür scheint sich aber ein Fasan über mein Geschoß zu beschweren. Er krakeelt jedenfalls laut los.
So viel Leben ist um mich, und nun scheint mir auch noch die Sonne direkt ins Gesicht. Also, auf geht's. Gerade will ich aus der Hütte schleichen, da steht der nächste Besucher auf der Hüttenlichtung. Ein Bock. Ich setz' mich auf die Wildschweinschwarte, den Hundeplatz, und linse durch den Türspalt. Gemächlich äst er vor sich hin.
Wozu eigentlich erst Hochsitze bauen und darauf rumturnen, wenn man dasselbe auf dem Bauch liegend sieht? Ich werde mir bewußt, wie beneidenswert viele dies finden würden und genieße so für alle mit.
Bummkrach! Schüsse aus Richtung Eiche. Die Füchse! – Schade, gestern waren sie noch so lustig. Der Jäger war also doch nicht beim Kuckuck – und mein Bock ist nun auch verschwunden. Er hat schon recht, keiner Menschenseele ist zu trauen.
Hungrig kommen die Jäger-Heger mit der Fuchsfamilie an. Sie sind froh, gleich alle erwischt zu haben! Aber auch sonst haben sie viel zu erzählen und ich auch. So wird das Frühstück bis zum Mittag ausgedehnt, natürlich mit Frühschoppeneinlage.
Viel zu schnell ist das Wochenende vorbei, und am nächsten müßten wir ganz unjagdlich verreisen.
»Ob wir doch nicht lieber hierher kommen?«, frage diesmal ich.
Meinem Heger fällt vor Staunen ganz unschön der Unterkiefer runter, dann forscht er:
»Im Ernst?«
»Schön wär's!«

Hutschi

Hallo, ich bin Hutschi! Was, ihr kennt mich nicht? Das gibt es gar nicht. Ich bin nämlich ein Jägerauto und habe viele, viele Geschwister. Vielleicht habt ihr auch einen Bruder von mir, und deshalb will ich etwas aus unserer Familiengeschichte erzählen. Aber bitte, nur wenn ihr nervenstark seid, es ist ziemlich aufregend.

Als ich geboren, ach nein, gebaut wurde, war ich eine richtige Schönheit. Mein Jäger, der mich erstand, ging dauernd um mich herum und bestaunte mich, weil ich so schön glänzte. Grün natürlich, und meine Roller waren ganz silbrig. Er legte sich sogar auf den Boden, um auch meinen Bauch zu sehen, und sagte: »Sehr gut«.

Das ist nun schon ein paar Tage her, und leider staunt mich heute niemand mehr an, weil Schönheit ja leider vergeht. Das geht, glaube ich, nicht nur Autos so.

Ich weiß jetzt aber, wie wichtig ich bin, ja ohne mich können meine Jäger fast gar nichts machen, weil sie nicht so schnell laufen können wie ich. Also, abends fahr' ich sie auf die Jagd. Da klettern sie in mich hinein samt ihrem Hund, den Gewehren, Ferngläsern, Mänteln, Jacken und Stiefeln. Ein gräßliches Durcheinander, aber die finden sich darin zurecht. Noch schlimmer ist es aber, wenn sie von der Jagd kommen. Oft sind sie dann naß oder dreckig. Am schlimmsten der Hund, der putzt sich dann immer an meinen schönen Polstern ab und schüttelt aus seinem Fell Tannennadeln, Wasser, Lehm, Käfer usw., und ich muß den ganzen Dreck dann mit mir herumschleppen.

Oft fahren meine Jäger auf gar keinen richtigen Straßen, sondern auf Wald- und Feldwegen, dann spritzt der Dreck von unten an meinen Bauch und klebt fest. Daß meine Roller schön silbrig sind, kann kein Mensch mehr sehen, und mein grüner Anzug sieht auch mehr grau-braun aus.

Es ist aber gut, daß die Jäger beim Fahren aus meinem Fenster schauen wollen, und wenn ich so verdreckt bin, geht das nicht mehr. Dann werde ich mit Wasser von allen Seiten abgespritzt, und man wundert sich, was da für eine Brühe herunterläuft.

Noch schlimmer wird es aber, wenn der Jäger etwas geschossen hat. Er hat dann ganz rote Hände, mit denen er das Wild in meinen Kofferraum legt. (Ich weiß überhaupt nicht, warum das Kofferraum heißt, ein Koffer ist da nie drin. Dafür eine Kiste mit Nägeln, Hammer, Säge und noch mehr Sachen, die dauernd klappern, und das rutscht hin und her, wenn ich eine Kurve fahre. Die Jägerin meint dann immer, ich wäre kaputt.)
Wenn der Jäger also sein erlegtes Reh verstaut, klebt mein Kofferraumdeckel von dem Rehschweiß, genauso die Klappe, wo er einsteigt, den Rest schmiert er mir dann an's Lenkrad. Wenn dann am nächsten morgen die Jägerin mit mir zur Arbeit fährt, schimpft sie jedesmal los. Meistens ist sie aber auch so spät dran, daß sie auch keine Zeit mehr hat, mich abzuwischen.
Auf dem Parkplatz neben den schönen und sauberen Autos schäme ich mich dann richtig. Rot werden brauch ich nicht, das bin ich ja schon, und die Leute zeigen mit dem Finger auf mich und erschrecken.
Einmal ist noch etwas Dümmeres passiert. Da hatte der Jäger den Rehschweiß in ein Glas getan. Er sagte: zum Abrichten für den Hund. Das Glas hat er auch in den Kofferraum getan und natürlich vergessen, es wieder herauszunehmen. So kullerte es eine Weile hin und her, bis nach ein paar Tagen in einer scharfen Kurve die Nagelkiste dagegen flog und das Glas kaputt ging. Das war eine richtige Schweinerei. Alles klebte und stank. Der Jäger mußte lange herumschrubben, weil die Jägerin sagte, mit so einer Stinkbombe fahre sie nicht. Mit Stinkbombe meinte sie mich!
Am Wochenende fahren wir alle zusammen zur Jagdhütte. Dann stopfen sie noch viel mehr in mich hinein. In meinen Kofferraum kommt noch eine Kiste mit Bierflaschen und ein Wassertank. Über ein bißchen Flaschengeklapper reg' ich mich ja nicht auf, aber einmal ging der Verschluß vom Wassertank ab und das ganze Wasser schwappte in mich hinein. Als der Jäger den Kofferraumdeckel öffnete, stöhnte er: »Auch das noch!« Die Jägerin sagte gar nichts – vielleicht hat sie auch nicht viel zu sagen.
Dann nahm der Jäger einen Schraubenzieher und bohrte kurzerhand ein Loch in meinen Kofferraumboden. Das Wasser floß

auch gleich schön ab, und die Jägerin guckte dumm. Dann sagte sie: »Aha, jetzt weiß ich, was ich mach', wenn dein Bierbauch wieder so dick ist, daß dir keine Hose mehr paßt.« Da guckte der Jäger dumm.

Wenn wir bei der Jagdhütte sind, hat der Jäger immer furchtbar viele Einfälle, und ich muß ihm dabei helfen. Er baut Hochsitze oder sonst was. Das ist vielleicht anstrengend! Erst fahren meine Jäger mit mir herum und suchen Hölzer. Die binden sie mir dann hinten an die Stoßstange, und ich muß sie dahin ziehen, wo sie sie brauchen. Oder er nagelt sie bei der Hütte zusammen, steckt

sie mir dann in den Kofferraumrachen, hängt von seiner Frau eine rote Schürze dran, und so fahren wir dann zu den weiter entfernten Plätzen. Das ist manchmal so schwer, daß mein Bauch fast auf dem Boden rutscht. Wenn Gras auf den Holperwegen wächst, kitzelt das, aber das Lachen ist mir schon lange vergangen, und einmal lag ein großer Stein auf dem Weg, der riß mir den Darm raus, Auspuff nennt das der Jäger, ich brüllte laut los. Am nächsten Tag bekam ich dann einen neuen Darm.

Im Herbst fangen die Jäger an, für die Rehe Futter zu beschaffen. Die Jägerin steckt erst einen Haufen Kinder in mich hinein, die ihr helfen müssen, Äpfel zu sammeln. Die kommen in den ominösen Kofferraum. Eine Fuhre nach der anderen, und ich muß ganz schnell rennen, daß die Wespen nicht mithalten können, die mag nämlich meine Jägersfrau nicht.

Die Apfelfuhren bringen wir zu den Silos aus Beton. Ich kriege heute noch einen Schreck, wenn ich die sehe.
Ein anderer Jäger, der Paul, hatte diese großen Betonrohre mit einem Lastwagen in den Wald gefahren. Der Kran, der die dicken Bolzen aufgeladen hatte, war aber nicht da, sie wieder herauszuheben, und drei starke Männer standen dumm da, weil die Rohre sich trotz großem Schiebeaufwand nicht vom Fleck rührten. Da spannten sie mich ein! Ich zog aus Leibeskräften tatsächlich diese Mammutröhren heraus, nur hörten sie nicht mehr auf zu rollen, und beinahe hätten sie mich überrollt! Doch der große Paul warf einen großen Felsbrocken zwischen die Röhre und mich, und so wurde ich gerettet.
Im Herbst passiert aber noch viel mehr. Da sind dann Treibjagden, und ich treffe viele meiner Geschwister. Na, die erleben ja auch so allerhand!
Zum Mittag muß ich dann die Suppe zu der ganzen Jäger-Treiber-Mannschaft fahren. Zum Glück ist wenigstens der Suppentopf noch nicht umgekippt, aber ich stink dann tagelang nach Erbsen und Wurst. In meinem Kofferraum sammelt sich dann auch wieder alles mögliche Getier, aber dafür bin ich nun mal da. Die Tiere, die das überleben, brauchen im Winter etwas zu futtern. Dazu werde ich mit großen Säcken beladen und los geht's! Nur der Winter hat ja so seine Tücken. Ich kann gar nicht mehr zählen, wie oft ich schon ausrutschte und stecken blieb. Vom letztenmal aber will ich noch erzählen.
Es war schon fast dunkel geworden, und mein Jäger wollte auch noch zu einer sehr weit entfernten Fütterung. Sonst geht er dahin immer zu Fuß. Er hatte aber seinen faulen Tag und sagte zu mir: »Was ist, Hutschi, packen wir das Stückchen?« Also strengte ich mich an. Der Schnee lag mindestens einen Meter hoch. Der Jäger trat mir mit dem Gaspedal in die Eingeweide, daß ich laut aufheulte, doch was half's, meine Roller rutschten herum, ohne auf den Boden zu kommen, und unter meinem Bauch wuchs ein ganzer Eisberg. Da gab ich es auf. Mein Jäger setzte sich in den Schnee und seufzte: bis ich dich da rausschaufle, ist Ostern. Da hörten wir es singen: »Schwarzbraun ist die Haselnuß, schwarzbraun bin auch ich ...«. Hatten wir Halluzinationen? Ich

konnte ja nichts sehen, meine Augen steckten im Schnee. Doch tatsächlich, eine ganze Truppe Soldaten kam anmarschiert. Das war eine Freude! Mein Jäger fragte den Obersoldaten, ob sie ihm helfen wollten. »Na klar« sagte der, »nur macht das furchtbar durstig«. »Oh, das weiß ich«, sagte der Meinige. Die Soldaten halfen noch das Futter wegschaffen, schön zu Fuß, wie sich das bei solchem Wetter gehört, dann hievten sie mich von meinem Eisberg und marschierten zum nächsten Wirtshaus.
Ich fand das ja sehr nett, daß sie mich abgeschleppt hatten, doch ein paar Stunden später, mußte ich sie alle abschleppen! Sie konnten plötzlich gar nicht mehr marschieren. Ist das bei Soldaten immer so?
Aber was soll ich mir mit solch schwierigen Gedanken den Motor zerbrechen, bringen meine Jäger mich doch oft genug in Lebensgefahr, und ich möchte so gerne noch ein Weilchen bei ihnen leben.

Netter Jagdbesuch – und anderer

Wir genießen Abendruhe mit Krimiuntermalung (es liegen erst zwei Leichen auf dem Bildschirm herum). Da! Autobremsen quietschen, die Hunde benehmen sich richtig widerlich laut und wichtig. Aha! Mein Bruder kommt zu Besuch. Er liefert uns regelmäßig für die Ferienzeit seine Sprößlinge, damit die geplagten Eltern und Schulen sich endlich einmal erholen können. So kann ich beobachten, wie Nichte und Neffe von Jahr zu Jahr größer werden, nur wachsende Schlauheit bemerke ich weniger.
Für die Jagdhütte beschenken sie uns mit einem Batterieplattenspieler, da dort im Stromnetz gerade ein Loch ist, und eine Platte legen sie auch gleich auf: »Es war einmal ein Jäger...« brüllt eine Stimme auf Höchstlautstärke.
Nach fünf Stunden Autofahrt muß man den lieben Kindern Bewegung gönnen. So rennen sie um den Eßzimmertisch, indem sie sich nach vermeintlicher Jägerart gegenseitig abknallen. Jedoch, anstatt endlich umzufallen, rasen sie immer schneller, wobei sie noch möglichst laut mitgrölen.

Auf der Strecke bleibt niemand, außer mir – habe mal wieder nicht genug Brot im Haus, und was wird aus den Fernsehleichen? Egal, ich erfahre aus anderen Gegenden Neuigkeiten, die auch hübsch spannend sind. Fast bis zum Morgen wird erzählt. Der Mangel an Brot ist vergessen, flüssiges Brot schmeckt sowieso besser.
Am nächsten Tag ziehen wir in die Jagdhütte um. Der Plattenspieler ist zum Glück vergessen, aber Jägern fällt ja genügend anderes ein und Kindern leider auch. Mangels Schußwaffen werden Lehmkugeln geknetet, und so beschießen sie sich gegenseitig. Wer die meisten Volltreffer erzielt, ist eben der beste Jäger. Die Kleidung zeigt viele Volltreffer.
Noch beschäftige ich mich damit, Volltreffer abzukratzen, da hören wir von weitem schon: »Hallihallo!« Die Stimmen guter Bekannter. Die kleinen Lehmjäger rennen ihnen entgegen und werden herzlich begrüßt – leider. Denn erst später sehen die Neuankömmlinge die noch klebrigen Abdrücke des Jägerspieles an ihren Kleidern. Da hilft nur Schnaps, denn Wasser ist hier Mangelware.
Nun sind wir zehn Personen. Dem Appetit nach muß man Kinder voll mit anrechnen. Doch welch seltener Zufall, alle verstehen sich prächtig und schnattern um die Wette. Das Heranschleppen von Futter und Getränken lenkte mich ab, dieses Geschnatter auf tiefschürfende Erkenntnisse zu untersuchen.
Nach einigen Stunden folgt der musikalische Teil, doch hörte er sich sehr unmusikalisch an. Dann lauter Abschied mit vielen Versprechungen, an die sich kaum noch jemand erinnert.
Am nächsten Tag weiterer Besucheransturm der grünen Zunft am Hüttentreffpunkt, mit Hang nach blauem Atem. So erscheint auch Graf Aribert. Er bringt auch seine adligen Kinderflöhe mit. Ich werfe alle Kinder aus der Hütte, ob adlig oder nicht, und hoffe, daß das blaue Blut die dummen Einfälle unserer Meute vornehm bremst.
Graf Aribert entkorkt sorglos die mitgebrachte Flasche und trinkt sie auf unser Wohl gleich halb aus. 68%iges ist darin enthalten, woraufhin die Gräfin sachlich feststellt, er sei ein wüster, vergammelter Knabe. Mit höflicher Verbeugung reicht er ihr die

Flasche, worauf sie noch die Geduld aufbringt zu warten, bis ich die Gläser bereit habe. Dann wird es wieder verschwommen und gemütlich, und wir ›Jägermitleberinnen‹ erfahren so manches, was nüchterne Zungen uns wohl nie mitgeteilt hätten. Mir wird klar, daß Kinder nie so viel Blödsinn machen können, und ich bin beruhigt, sie draußen in der friedlichen Natur zu wissen.
Da hören wir Jagdhörnerklang. »Immer herein!« brüllt der Graf. Da steht auch schon Oskar, natürlich auch beweibt. »Juhu!«, schreien die etwas lauten Gräflichen. Graf Aribert schoß nämlich in Oskars Jagdrevier seinen ersten wirklichen Bock. Und Oskars Frau behauptet noch heute, daß sie ihn so lange tottranken, bis der Alkohol ausgereicht hätte, den ganzen Bock darin einzulegen. »Genau, das wollten wir ja verhindern« meinten die ›Bocktottrinker‹.
Mir fällt auf, daß es draußen bei den fünf Kindern auffallend still ist. Ein schlechtes Zeichen bei Kindern. Wir gehen auf die Suche, und zwar alle »Mann« hoch.
Nach einiger Zeit hören wir den Jägerschlager johlen und folgen der Richtung. Unter einer angeblichen 1000jährigen Eiche finden wir die Bande, wie sie schuhplattlern lernen. Uns fällt auf, daß sie alle recht wacklig auf den Beinen sind. Da prosten uns die Kinder entgegen: »Waidmannsheil!« Sie haben sich einige Bierflaschen gemopst. Die alte Eiche schaut böse auf uns herab, und die Kinder kippen ihr zum Trost etwas Bier auf die Rinde. Ein Grafenfloh wird vermißt. Wir finden ihn bald. Er ist in eine Fütterung gekrochen und schläft. »Wie sein Vater«, stellt Mütterchen fest.
Nun inspiziere ich genauer, wie viele Bierflaschen verkonsumiert wurden. Das Ergebnis bleibt ein Geheimnis. Möchte doch lieber nichts mit dem Jugendamt zu tun haben.
Die Jäger gehen nun das Jagdrevier inspizieren. Wir Frauen schleichen hinterher, man hat sich ja so viel zu erzählen...
Kein Wunder, daß ein Sprung von acht Rehen zu rennen anfängt, als wir uns nähern. Die Blicke unserer lieben Männer ähneln in der Wirkung ihren Schußwaffen.
Wieder bei der Hütte angelangt, zähle ich die Münder all der Lieben und schlage vor, in ein Gasthaus essen zu gehen. Nur erst

schaffen wir die Kinder noch nach Hause ins Bett, damit sie ihren R... ausschlafen. Es wird wieder ein langer Abend, und ich erkenne, daß außer Jagd sich nichts wirklich Wichtiges auf der Welt tut.

Glücklich wieder zu Hause angekommen, finden wir in zwei zusammengeschobenen Betten die gesamte Kinderbande samt drei Hunden, mehrere Flaschen Kindermalzbier, zur Freude der Hunde ausgelaufen, sogar ein Gummistiefel, ein Feuerwehrhelm und mehrere Spielautos haben noch Platz. Wir sortieren alles ›Nichtmenschliche‹ aus. Die Hunde sind beleidigt, und die Gräflichen müssen über Nacht bleiben. Der Heimweg ist zu weit, und er ist zu, – na lassen wir das.

Auch der nächste Tag wird jagdlich umrahmt. Die Besucher hängen einen Tag Erholung an, und mir hängt fast die Zunge raus, bei dem Galopp, den ich zwischen Küche und Freßzimmer (ein anderer Ausdruck wäre verleumderische Beschönigung) veranstalte.

Die Hütte soll dies ändern. Doch dort wartet schon Direktor Kugelrund mit Haushälterin und Dackel. Alle drei machen ihrem Namen alle Ehre. Gemeinsam ist ihnen auch ihr respekteinflößendes Alter so um die 100 herum. Da er ein rücksichtsvoller Mensch ist, bringt er sich sein Futter immer selbst mit, zu dem grundsätzlich mehrere Rettiche gehören. Leider hat er den Rettichschneider vergessen. Ach ja, Salz fehlt ja noch. Nun schneidet er sich noch in den Finger. Wo ist denn bloß das Pflaster? – Die anderen warten auf Kaffee, einer wünscht Tee, die meisten Bier, und die Kinder trinken freundlicherweise Limonade. Dackel Kugelrund säuft doch nicht aus einem Blechnapf! Den Kuchen habe ich zu Hause vergessen. »An was denkst du überhaupt!« tadelt mein Jäger.

Da bereichert unsere Gesellschaft ein unter anderem Jagd studierendes Studentlein. Das -lein bezieht sich mehr auf sein geistig geprägtes, körperlich schmales Äußere. Sein Mitteilungsbedürfnis ist weniger schmal, und seinen Bierkonsum kann man laut maßlos nennen. Leider begreift Direktor Kugelrund nicht, daß der Studiosus sowieso immer recht hat, und das Studentlein hat noch kein Semester Rettichgenußlehre hinter sich. So fängt ein steter Blick – Gesten – Wortfunkenregen zu nieseln an. Bevor wir anbrenzeln, stelle ich lieber den glücklicherweise nicht vergessenen Plattenspieler an mit dem Jägerschlager. Hurra! Den Jägern fällt ihre Pflicht wieder ein, nämlich Revierarbeiten zu erledigen und nicht sich gegenseitig. Die Kinder können helfen. Endlich sind sie draußen! Kugelrunds Haushälterin wäscht brav das Geschirr ab. Und die Gräfliche und ich können endlich was Vernünftiges tun – nämlich ratschen. Es hätte noch ein Weilchen so weiter gehen können, doch da kommen schon die nächsten...

Ein Koch kam in die Küche

»Hier kocht der Chef«, steht an so manchen Gasthäusern zu lesen. Dies soll nicht etwa als Warnung oder gar Drohung verstanden werden. Im Gegenteil! Wenn Männer kochen, dann übertreiben sie gleich und entwickeln sich auch prompt zu Künstlern in diesem lebenswichtigen Metier, denn bekanntlich sind ja die berühmtesten Köche fast ausschließlich Männer. Solche Kochkünstler zu bewundern ist eine kostspielige Sache, und da die Kunstwerke auf Nimmerwiedersehen verschwinden, ist man doch schnell versucht, gelegentlich seine eigenen kochkünstlerischen Talente zu testen.
Obwohl Jäger in den seltensten Fällen Metzger sind, sind sie doch Fachleute in Sachen *Fleisch*. Meistens hält auch ihre Passion im Essen die Waage mit ihren jagdlichen Passionen. Kein Wunder also, daß sie dann auch genau verfolgen, was mit dem guten Wildbret geschieht, bis es auf den Tisch kommt. So hilft er der offensichtlich ahnungslosen Köchin so lange mit guten Ratschlägen, bis sie ihm selbst den Kochlöffel in die Hand drückt.
Da steht er dann und ist sich bewußt: wenn er kocht, muß es auch etwas ganz Besonderes werden! Er erstellt ja nicht irgend eine Mahlzeit, nein, er zelebriert den Kochvorgang mit dem größten ihm gegebenen Zartgefühl. Dazu setzt er eine geheimnisvolle Alchimistenmiene auf, probiert mal etwas von diesem, dann von dem anderen Gewürz, manchmal auch alle zusammen. Um die Zunge zwischendurch wieder zu neutralisieren, benutzt

er kleine, hin und wieder, im Versehen natürlich, auch größere Schlückchen Wein, und so wird diese Beschäftigung für ihn meist zu einer recht fröhlichen Angelegenheit. Vielleicht ist dies auch der Grund, warum Männer meist nicht nur gut, sondern auch gern kochen.

Wenn die Hausfrau nun meint, sie könne sich in den Sessel lümmeln und brauchte sich nur auf das Essen zu freuen, so ist dies natürlich ein Riesenirrtum. Denn Künstler muß man bewundern! Und dies nicht erst, wenn das Kunstwerk fertig ist, sonst kann es passieren, daß er alle paar Minuten mit tropfendem Probierlöffel gelaufen kommt und man raten muß, was er nun noch der Soße an Geschmacksnervverwirrendem zugesetzt hat. Am besten, man setzt sich gleich zu ihm in die Küche, hilft beim ›Zunge neutralisieren‹ und staunt, dies meist aus tiefstem Herzen, wie man nur so viel Wirbel machen kann.

Solche zeitaufwendigen Genüsse kann man sich natürlich nur an Feiertagen erlauben.

Bei uns wurde es allerdings eine Zeitlang notwendig, daß aus zeitlichen Gründen der Hausherr das Kochen übernahm. Und siehe da, ich muß gestehen, es schmeckte tatsächlich anders. Besser? – Ich weiß nicht. Nach einiger Zeit fiel mir auf, daß ich nach jeder genossenen Mahlzeit – einschlief. Ich hielt das auch noch für eine Kreislaufschwäche! Bis sich mir eines Tages das Geheimnis lüftete. Das heißt, *er*, mein Koch lüftete es selbst, denn welcher Mann kann selbsterfundene Geheimnisse schon lange für sich behalten?! Irgendwo hatte er einmal gehört, daß ein *Schuß* Cognac oder Wein den Geschmack verfeinert. Sonst ist er eigentlich immer ein sehr überlegter und vorsichtiger Schütze, jedenfalls unterschätzte er die Auftreffwucht seiner Alkoholgeschoße – bei mir. Er donnerte die reinste Maschinengewehrsalven in die Soßen und Suppen. Kein Wunder also, daß ich nach jeder Mahlzeit bewußtlos zusammenbrach. Hätte er ein Streichholz darüber gehalten, bestimmt wäre das Essen flambiert gewesen, vielleicht wäre auch die ganze Küche explodiert. So habe ich dem Jäger erst einmal erklärt, was hier unter einem *Schuß* verstanden wird.

Einen großen Nachteil hat das Kochen leider, nämlich den sich

ansammelnden Geschirrberg. Künstlern kann man nicht zumuten, sich mit so etwas Ordinärem wie ›Abwasch‹ zu beschäftigen. Außerdem sind sie nach getaner Arbeit auch viel zu erschöpft. In manchen Küchen stehen zwar so praktische Dinge wie Geschirrspüler herum – in meiner nicht. Wenn ich mich dann durch den Berg verklebter Kochutensilien wühle, habe ich Zeit, darüber nachzudenken, ob es unter so große Taten wie ›Hilfe‹ eingestuft werden kann, wenn der Mann zum Kochlöffel greift. In Gedanken klappere ich dann, im Versehen natürlich, ein bißchen lauter als sonst mit dem Geschirr. Er versteht zum Glück diese Klappersprache und kommt dann abtrocknen. Da hat er sich dann schon wieder ein Lob verdient.
Frauen müssen nach den gleichen Mühen sich meist mit einem gnädigen Nicken begnügen. Aber wer wird denn auch so lobeshungrig sein, und schließlich soll es ja auch etwas Besonderes bleiben, wenn der Chef selbst kocht!

Auf zum Jägerball

Irgendwann in der Faschingszeit erwischt es auch Jäger. Eine Karte »Einladung zum Jägerball« liegt plötzlich herum.
Daß Jäger ballern, kommt ja öfters vor, nur sind sie deshalb noch nicht unbedingt begeisterte Ballbesucher.
Die Karte teilt ihnen mit, wann und wo sie als Ballbesucher antreten dürfen. Sie sollen sogar ihre oder auch andere Frauen mitbringen. (Bei Jägern muß dies immer extra erwähnt werden, da Frauen oft etwas hinderlich sind bei jagdlichen Betätigungen).
Auf der Karte steht noch, wie man sich anziehen soll. Vorsichtshalber! Haben doch Jäger manchmal sehr originelle Bekleidungsideen. So schreibt der Verein im Sinne der Öffentlichkeitsarbeit vor, daß man im Trachtenlook erscheinen soll. Ein gewisser Hang zur Uniformierung bleibt also bestehen. Aber ein Jäger im Frack – wäre ja nicht auszudenken! Das wäre ja die Uniform eines Schürzenjägers, äußerst unwürdig für echte Waidmänner.
Auch die ›mitdürfenden‹ Damen sollen sich in Tracht hüllen und dies nicht nur in ländlichen, bayrischen Breitengraden. Sogar im

Norden hat man sich, zum Teil, dieser modischen Variante angepaßt. Erweist sich doch der Trachtenlook inzwischen als sehr farbenfroh, vielseitig und dekorativ.
Aber nicht nur die Ballteilnehmer, auch der Saal muß dekoriert werden. Zum Glück gibt es immer Freiwillige, die mit geschickten Händen, Tannengrün, einigen Trophäen, Luftschlangen und Konfetti einen gewöhnlichen Saal in eine dämmrige Höhle verwandeln. Mit letzterem darf man dann, zu später Stunde, zur eigenen Belustigung und zum Ärger der gerade Essenden und Trinkenden – schmeißen. Nicht aufregen! Konfettis sind leicht verdaulich und ziemlich geschmacklos – ich meine auf der Zunge.
Oft ist auf der Einladungskarte auch vermerkt, man solle gute Laune mitbringen. Wenn nun aber zu Hause gerade keine herumliegt und auch in einem selber zwar verschiedene Launen, die man aber weniger als gut bezeichnen kann, zu finden sind? Trotzdem: Auf zum Jägerball!
1. Müssen die Mühen der Vorbereitenden durch Anwesenheit belohnt werden.
2. Strahlt der Kassierer des Vereins bei jedem verkauften Ein-

trittsbillet so herzerfrischend, daß somit die gute Laune am Eingang gleich mitgeliefert wird.

Zuspätkommen hat den Nachteil, daß vorbestellte Tische, die man an den Namensschildern erkennt, plötzlich verschwinden – die Namensschilder meine ich. Diese landen oft in Trachtenanzugsjacken von Leuten, die ganz anders heißen. Dies ist die schnellste Art, den am günstigsten gelegenen Tisch zu ergattern. Eben nicht gerade neben dem Verstärker der Donner-Dröhn-Kapelle oder in der Nähe des Ein- und Ausgangs, wo die klare Winterluft versucht, Hexenschußvolltreffer zu landen. Aber das sind zum Glück seltene Unglücksfälle.

Hurrah! Der Saal ist voll – die Saalfüller, Stunden später, auch. Der Vereinsvorsitzende schwingt das Mikrofon und freut sich laut, daß so viele gekommen sind. Dann begrüßt er sie noch ausgiebig.

Manchmal wagen sich auch Nichtjäger wie Landräte, Bürgermeister und sonstige wichtige Persönlichkeiten in den Kreis der Ballernden. Die müssen dann noch mal extra begrüßt werden! Macht Politik denn so schwerhörig? Damit sie die Extrabegrüßung nicht noch mal verpassen, klatschen alle Anwesenden in die Hände. Dann stehen sie erschrocken auf und verbeugen sich – zur Entschuldigung.

Nächster Programmpunkt ist dann eine im Jägerfachjargon vorgebrachte Aufforderung zum Treiben. Was darunter so alles verstanden wird! Die meisten *treiben* erst einmal die Kellnerinnen herum. Von welchem Bock sie wohl das abgeschaut haben? – Die Kapelle *treibt* es mit ihren Instrumenten sehr lautstark. Das hören sogar die Politiker. Die reißt es vom Sitz, und sie *treiben* die Damen auf die Tanzfläche. Politiker wollen, daß man es ihnen nachmacht, also *treiben* dann auch einige Jäger die am nächsten griffbereite Dame zur *Treib*-Tanzfläche.

Manchmal ist es aber auch umgekehrt. Der Alltag bringt es mit sich, daß die lieben Frauen, die an einem solchen Abend Damen sind, im *Antreiben* ihrer Männer schon einige Übung haben. Wenn er dann stundenlang nur dahockt und allein die Kellnerin *rumtreibt*, übernimmt sie die vom Vorstand verordnete Aufgabe und *treibt* ihn auf die Tanzfläche.

Für Erschöpfte gibt es einen Zufluchtsort – die Bar. Da ist es schön schummrig, damit man die Preise der Durstlöscher nicht sieht. Auch haben die Stühle nur drei Stelzbeine, so daß man sich an seinem(r) Partner(in) festhalten muß, um nicht umzukippen. Alles zusammen ergibt eine trauliche Atmosphäre. Aber man ist doch nicht zum Ausruhen hier!
Ein Ruf erschallt: »Einlage«! Damit sind keine Einlagen für plattgetanzte Füße gemeint. Es ist meist eine künstlerisch zu verstehende Darbietung. Mich persönlich beeindruckte ein Jägerchor am meisten. Denn als die zwanzig gutgenährten Sänger die provisorische Bühne betraten – brach diese krachend zusammen. Zur Beruhigung, verletzt wurde niemand, aber es war wirklich eine sehr eindrucksvolle Einlage zu sehen, wie Arme und Beine sich bemühten, ihre Eigentümer wiederzufinden.
So geht es dann weiter: essen, tanzen, trinken, tanzen – ein richtiger Härtetest für Magen und Beine. Irgend ein Schräubchen in den Beinen wird dabei ganz locker, und zum Schluß findet man das Durcheinander richtig schön. Ihr auch? Na dann, auf Wiedersehen bis zum nächsten Jägerball.

Schrecken ohne Ende

Jagd – Vorsicht Lebensgefahr!

Es ist ein nicht auszurottendes Vorurteil zu denken, Jagd sei eine gesundheitsfördernde Beschäftigung. Höchste Zeit, einmal die Tatsachen genau zu untersuchen.
Wer hat nicht schon vom Jagdfieber gehört? Noch gibt es kein Mittel dagegen, da der verursachende Virus unauffindbar ist. Nur eines steht fest, wer einmal angesteckt wurde, kann nie mehr kuriert werden!
Ein Leiden kann man dies zwar nicht direkt nennen, dies überläßt der Fiebererkrankte seiner Familie, wenn diese nicht bereit ist, sich anstecken zu lassen.

Die Jagdfiebersymptome sind Zeichen größter Unruhe, sobald der Angesteckte geschlossene Räume, Arbeitsplatz, gemütliche Wohnungen betritt. Ein kaum zu bremsendes Bedürfnis, sich in die freie Natur zu stürzen, überwältigt ihn. Dort paßt er sich genau den Lebensgewohnheiten tierischer Waldbewohner an. Außenstehende sehen darin ein Zeichen von Schizophrenie, weil der Erkrankte eine gespaltene Persönlichkeit entwickelt. Wald und Wild gehören seinem Denken, Fühlen und Tun. Familien- und andere Pflichten werden nur noch sehr verschwommen und widerstrebend wahrgenommen. Aber dies bißchen geistige Verworrenheit ist nicht die eigentliche Gefahr beim Jagen.
So hält sich der Jäger doch stets in der guten, frischen Luft auf. Nun wird zwar der guten Luft auch große Heilwirkung zugesprochen, nur hat sie meistens nicht die gesundheitsfördernden Temperaturen.
Waldbewohner sind deshalb mit einem praktischen Fell ausgestattet, dem Hitze, Kälte, Nässe und Wind nicht allzuviel anhaben kann. Auch Jäger besorgen sich ein oder mehrere »Felle«, die sie sich, je nach Bedarf, über die Ohren ziehen können, nur sind diese eben nicht angewachsen, und im Bedarfsfalle fehlen dann des öfteren Teile für Füße und Hände, und bei 15 Grad minus hilft sowieso nichts mehr.
Doch Sauen und Füchse gehen auch bei solch grimmigen Temperaturen spazieren. Also muß auch der Jäger hinaus. Hier stellt er dann erstaunt fest, daß nicht nur sein Hund, nein, auch die Luft bissig sein kann. Sie beißt mit Vorliebe in Nasen, Finger und Zehen. Die Schilderhersteller haben vergessen das Schild »Vorsicht, bissige Luft« aufzustellen, denn so ein Biß ist gefährlich und kann bewirken, daß Lungen sich entzünden, oder in Beinen und Sitzflächen plötzlich Ischiasnerven wild werden. Das hat zwar noch nichts mit Tollwut zu tun, auch einer Jagdgefahrenquelle, obwohl der dorthin Gebissene sich dann ähnlich gebärdet.
Die nächste Gefahr entsteht schon bei der Behandlung solch schmerzlicher Attacken. Von Ärzten halten Jäger nicht allzuviel, und nur zwei Arten von Medizin lassen sie gelten. Bei äußeren Verletzungen: Waffenöl; bei eingefrorenen Gliedmaßen:

Schnaps. In diesem besonderen Fall mögen Ärzte ihnen vielleicht noch recht geben, doch was sonst noch so alles mit Schnaps kuriert wird...

Manche befällt nicht nur Jagd-, sondern auch Schußfieber. Es ist eine gesteigerte Form von Jagdfieber und bewirkt Händezittern und Augenflattern beim Anblick von Wildtieren. Doch man kann glücklicherweise vorbeugen. Bier und Schnaps betäuben die Schußfieberbazillen. Konnte dann, dank der guten Schnapsmedizin, ein Abschuß erfolgen, wird, zur Ehre der erlegten Kreatur, getrunken. Tottrinken ist der Fachjargon. So mancher hat sich dabei schon selber...

Glücklicherweise haben aber die meisten eine sehr unerschrokkene Leber, die der Schnapsgefahr jederzeit ins Auge schaut.

Langes Stillsitzen in der beschaulich schönen Natur birgt gleich mehrere Gefahren. Die so lange unbenutzten Glieder fangen zu schlafen an, manchmal klettert der Schlaf so weit nach oben, daß auch die Augen schlafen. Dies wiederum bewirkt, daß Gleichgewichtsstörungen entstehen und der ganze Jäger vom Sitz kippt. Diese so plötzliche Veränderung der Sitz-Schlaflage bewirkt die unterschiedlichsten Beschwerden. Als relativ harmlos gilt, wenn ein Jägerknochen sich in mehrere Teile zerlegt. Auf den Kopf zu fallen ist das größere Risiko.

Manchmal entstehen diese Gleichgewichtsstörungen natürlich auch bei der falschen Dosierung der Schußfiebermedizin.

Ein stiller Ansitz kann aber auch äußerst nervenaufreibend sein. Sonnenuntergang genießen und Waldeslustgefühle sind dann unwichtig, denn ein Ast hat irgendwo geknackt. Höchstes Alarmzeichen! Denn da kommt was – oder auch nicht. Aber der Jäger befindet sich auf Alarmstufe 1, und das hält meist länger an. Die überanstrengten Nerven von Augen und Ohren rotieren. Auch diese Tortur kann nur mit größeren Alkoholmengen ein Leben lang ertragen werden.

Noch schlimmer aber, wenn Woche um Woche vergeht, einmal verbringt man den Abend unter Knacksfolter, ein andermal mit den gefährlichen Gleichgewichtsstörungen, und trotzdem läßt sich kein Stück Wild sehen – oder gar schießen. Dann ist der Punkt erreicht, wo zu allen Fieberarten noch eine ausgewach-

sene Gemütskrankeit (genannt auch Neurose) hinzukommt. Freudlos schleichen die Tage, ersehnt werden die Ansitzabende, und neuerliche Enttäuschung läßt zur Medizinflasche Alkohol greifen. Da fängt dann auch das unerschrockene Auge der Leber zu weinen an.
In diesem Zustand, wie könnte es anders sein, lauert die nächste Gefahr. Der Bodenbelag von Wald, Feld und Flur ist immer holprig, manchmal rutschig, plötzlich nicht mehr da – oder erst viel tiefer. (Die Natur ist immer abwechslungsreich.) Das kranke Gemüt steckt zwar nicht in den Beinen, aber die Medizin rutscht auch dahin, und anstatt leise pirschend doch noch etwas zu erblicken, stolpert, rutscht, ja fällt er hin. Und wenn er sich dann noch etwas verstaucht, oder, allergrößte Unglückssteigerung, gar auf sein Gewehr fällt, so daß der Schaft oder sonst etwas bricht, ist der Gipfel einer lebensbedrohlichen Krise erreicht.
Soll ich noch weitermachen? – Ich trau mich nicht, und außerdem muß ich mal gründlich über das große Wunder nachdenken, wie die meisten es trotz allem schaffen, ein recht würdiges Alter zu erreichen.

Schweiß kommt nicht von schwitzen!

Erstaunlich eigentlich, daß es noch immer Jäger gibt, da diese doch durchwegs blutarm sind und lediglich nur Schweiß durch ihre Adern rinnt. Jedenfalls geht den meisten die Jägersprache so in Fleisch und Schweiß über, daß man zu dieser Ansicht kommen muß.
Glücklicherweise jedoch liefert mein Jäger mir des öfteren Schrecksekunden, die mir eindeutig beweisen, daß seine Adern noch einwandfrei mit Blut gefüllt sind. Zwar kein blaues, des öfteren auch alkoholisch verdünnt, jedoch zweifelsohne Blut! Trotzdem besteht er hartnäckig darauf, seine eigene Lebensflüssigkeit stets als Schweiß zu bezeichnen. Will er mir damit völlige Schweiß-Blutsbrüderschaft mit Sauen, Böcken und sonstigem Wild beweisen? Begriffsstutzig wie ich nun mal bin, nenne ich die Dinge weiterhin bei dem mir richtig erscheinenden Namen,

und im übrigen sollte ja auch nur beim erlegten Wild das fließen, was aus den Adern kommt. Sollte...
So steht mein Jagdheimkehrer einmal blutüberströmt an der Tür. Er flucht wie ein Bierkutscher vor der Tütenpusteepoche auf irgend ein ›Mistvieh‹ und feuert die Stiefel in die Ecke, daß der Lehm nur so spritzt und mich trifft. Nicht tödlich, aber ins Auge.
Dieser ungewohnte Temperamentsausbruch hindert mich, Mitleid zu mimen, und außerdem muß ich mein Lehmauge behandeln.
So erfahre ich erst später, wie diese eindrucksvolle Gesichtsveränderung zustande kam. Immer noch schwei..., ich meine blutend, berichtet er, daß er auf eine Katze schoß, die gerade ein junges Häschen abschleppte. Da »doppelte« seine Bockflinte.
Sollte es noch so dumme Frauen wie mich geben, so kann ich inzwischen erklären, was »doppeln« ist, nämlich, wenn beide Läufe, Kugel und Schrot, gleichzeitig feuern. Der Rückstoß war somit auch doppelt so stark, wurde nun aber vom Zielfernrohr auf der Jägernase abgebremst.
Da Nasen ja bekanntlich keine Zielfernrohrbremsen sind, hinterließ es eine Hautrißbremsspur, die seinem Gesicht einen gewissen Horroreffekt gab, was wiederum meinen Respekt vor dem Jagdhandwerk ordentlich vertiefte.
Als er nach einer Woche schon fast schmerzfrei wieder lächeln konnte, passierte dasselbe noch einmal! Diesmal tat er mir richtig leid, und ich wünschte mir wirklich, er möge Schweiß in den Adern haben, was doch den Gruselanblick etwas gelindert hätte.
Inzwischen erfreuen sich Nase und Zielfernrohr wieder bester Gesundheit sowie ihrer ursprünglichen Form und Bestimmung. Also auf zu neuen Beweisen von ›Jägeradernfüllungen‹.
Eines Sonntags beabsichtige ich, den Herrn Jäger zum Frühstücksvergnügen zu wecken. Schon wieder liegt er blutverschmiert und völlig leblos im Bett. Vor Schreck stockt auch mir der Schweiß in den Adern. Da fällt mir ein, daß er vor dem handgreiflichen Wecken immer leblos daliegt. Ich schöpfe Hoffnung, und mit Dackelhilfe wird er wiederbelebt. Eine Erklärung kriege ich erst später. Er vergnügte sich zu einer für mich nicht existie-

renden Nacht-Morgenzeit auf einem Pirschgang, wobei ein Ast ihm einen Schmiß verpaßte, und da Männer bekanntlich nicht so oft in den Spiegel gucken, sah er auch nicht die malerischen Folgen, die sein harmloser Gegner ihm beibrachte.
Inzwischen bin ich längst nicht mehr so schreckhaft. Habe allerdings auch einige Vorsichtsmaßregeln getroffen. ›Selbstverbraucherwild‹ zerteile ich lieber selber. Obwohl dieser Prachtmensch sich sonst äußerst praktisch gibt, besteht er beim Zerteilen darauf, sich schöne, tiefe Erinnerungsschnitte beizubringen. Würde ich ihm, gutmütig wie ich nun einmal bin, seinen Willen lassen, wären die Kosten für Trost- und Schweißauffüllschnäpschen kaum noch tragbar. Verbandsmaterial erstehe ich schon lange kiloweise, nur Ersatzfinger und -nägel sind selbst im Fachhandel immer noch schwer aufzutreiben.
Noch kurz ein weiteres Detail aus dem Dasein meines »Schrecklieferanten«. So erlegte er einmal im strömendsten Regen einen Bock. Da stellt er fest, daß sein Rucksack von allein nicht mitgegangen ist. So ein Fauler! Der Gedanke an die Möglichkeit, den Bock abzulegen und dann mit dem Auto zu holen, ist vor Freude entweder nicht gekommen oder im Regen mit weggeschwommen. Er schwingt also den Verendeten über die Schulter und marschiert über vier Kilometer zum Auto.
Regen, Blut und echter Anstrengungsschweiß durchtränkten Mantel, Jacke, Pullover, Hemden, Lederhose, Socken sowie das Innenleben der Stiefel. Er selbst hatte die apart gescheckte Färbung der berühmten Milchkühe. Die Lederhose hat bis heute rosarot gewässerte Stellen, und die sonstigen Klamotten behielten eine besondere, sehr intensive Duftnote, die er für sehr vorteilhaft hält, da Wild ihn nun zumindest als seinesgleichen anerkennt.
Andenken an Jagderlebnisse sind also nicht nur an Jägerheimwänden zu finden. Der erfolgreiche Jäger versteht durch seine eigene vernarbte Person sowie seine schweißpräparierte Kleidung stets auf seine Beschäftigung aufmerksam zu machen. Leider trifft er dabei nur selten den Geschmack seiner Frau.

Hitzeschäden

Das Thema »Hitze« wurde in diesem Jahr auch in unseren gemäßigten Zonen von Jung und Alt, je nach noch nicht ausgeschwitzter Phantasie oder beflügelt von durstlöschenden, schweißtreibenden Flüssigkeiten, ausgiebigst durchgestöhnt. Nicht einmal Jäger blieben davon verschont.
Da soll mir doch jemand verraten, wie die »Schwitze«, die Jägern aus den Poren quillt, genannt wird? – Da sind Jäger sprachlos. Denn Schweiß – na, das ist doch etwas völlig anderes!
Vielleicht kommt diese Spracharmut daher, daß Jäger hierzulande sich größtenteils im Schatten kühlender, luftzufächelnder Wälder aufhalten und diese Beschäftigung sich als wenig schweißtreibend erwies. Wahrscheinlich machen sie deshalb Jagd auf den Schweiß des sich in Wald und Flur tummelnden Wildes!
Diesmal strahlte die Sonne so herzlich und ausgiebig auf uns herab, daß selbst schattige Wälder nicht mehr die ersehnte Erfrischung brachten, sondern Scharen von Mücken, Fliegen und sonstigem stechenden und juckenden Ungeziefer mit einem nicht zu stillenden Appetit auf echten ›Jägerschwitzeschweiß‹.
Obwohl dies Ungeziefer nicht zum jagdbaren Wild gehört, wurden Legionen dieser Tierchen – durch bloßen Handschlag – erlegt. Die Schweißausbeute bei solchen Erlegungen ist allerdings gering. Dafür passiert aber so manches andere, was ein kühler Kopf verhindert hätte.
So nahmen Unfälle in Jägerkreisen bedenklich zu. Liegt dies nun an der zur Kühlung genossenen Bierzufuhr oder an der Sauhitze (merke: Sauhitze erzeugt leider nicht das gern durchlittene Saufieber), liegt es etwa an den vor Hitze aufgequollenen grauen Zellen im Hirn, die auf unsere sonst so reaktionsgeeichten Jagdinstinkte drücken? Wer weiß?
Hier nun die »beschaulichen« Ereignisse eines solchen Unfalltages: Es war Samstag – ein heißer Samstag. Am frühen Morgen geht es schon los, also zu einer Zeit, wo man sich am sichersten sowieso noch im Bett aufhält. Mein Jäger klettert aber auf irgendwelchen Felsen herum, um einem Reh zu begegnen. Da-

bei rutscht er auf seinen »Läufen« aus. Kommt schnell ins Rollen – und das lässig umgehängte Jagdinstrument rollt mit. So erscheint er zu Hause, mehr an- als aufgekratzt. Und die Bockbüchse? Das muß eben noch ausprobiert werden.
Für den Abend nimmt er sicherheitshalber die zweite Bockbüchse mit. Doch selbst in der Hitze kann er nicht auf gluterzeugende Zigaretten verzichten, und so passiert's. Behängt mit zwei Gewehren, Fernglas und Rucksack, versucht er mit der rechten Hand Streichhölzer aus der linken Hosentasche zu angeln. Da kracht es. Die noch heile Büchse macht einen Kopfsprung von der Schulter aufs Straßenpflaster, mit dem Zielfernrohr voran. Dem Jäger weicht sämtlicher »Schweiß« aus den erhitzten Wangen. »Jetzt lohnt sich das Probeschießen erst richtig«, versuche ich zu trösten. Da bekommt er wieder die sommerlich rote Gesichtstönung.
Doch auch mir rutscht alles sich in den Adern Befindende vor Schreck in die Knie, samt Herz und Verstand, als wir bei der Hütte anlangen. Die sonst so hübsche Lilly sitzt da und versucht, mit einer Riesenbeule am Kopf, aus der echter Menschenschweiß tropft, das Gleichgewicht zu halten. Ihr Jägersmann hüpft jammernd herum. Was ist passiert? Der Eifrige wollte einen Hochsitz umstellen – bei der Hitze! Lilly reichte ihm dienstbeflissen das erforderliche Werkzeug, da rutschte aus seiner schweißnassen Hand die große Beißzange und flog – plumps! – der Lilly eben dahin, wo nun die Monsterbeule prangte. Wir legen Lilly in den noch einigermaßen kühlen Raum. Gerade als ich mir die Dauerschäden eines solchen zerbeulten Gehirns ausmale – eine totale Lähmung scheint mir noch das Harmloseste –, öffnet Lilly ihren hübschen Mund und eine Droh-Schimpf-Jammerflut ergießt sich in Richtung ihres Liebsten. Da mache ich ihr abkühlende Umschläge, dann schläft sie auch schon.
Nun kommt die »Gewehrpatientin« dran. Auf Pappe schieß' ich auch gern, die schweißt wenigstens nicht, und so mache ich den Anfang. Der Hochsitz, von dem aus ich schießen soll, hat keine Gewehrauflage. Ich nehme dafür mein Knie als Ersatz. Kein guter Einfall. Ich setze das Gewehr an – und ab. Mistfliegen! Es ist zum ... Setze wieder an und zittere den Zielstachel ins

Schwarze, mache den Finger krumm – und bekomme einen Boxhieb aufs Auge. Dann bin ich auf dem Auge blind. Schweiß. Nicht von der Hitze, sondern von meiner Dussligkeit. Die Jäger rufen: »Getroffen! Nun das andere Gewehr.« Da können sie lange warten.
Bei meinem Anblick erstarren sie. Lilly's Mann wischt sich den »Schreckensschwitzeschweiß« von der Stirn und behauptet, jetzt würde er verrückt werden. Der Meinige fragt entgeistert, wie denn das passiert wäre. Als ob er nicht schon genügend »Zielfernrohr-Rückschlag-Erfahrung« hätte!
Ich schleiche zur Hütte und stelle fest, daß ich nun drei Augenbrauen habe, eine ist gespalten, und das wird wohl so bleiben.
Lilly fragt: »Wirft der immer noch mit Zangen?« Ich kann sie beruhigen, und sie wird wieder lebendig. Wir gucken zusammen in den Spiegel – Opfer männlicher Unachtsamkeit, denn wäre bei mir eine Gewehrauflage dagewesen und hätte er bei Lilly...
Dann machen wir uns wieder Umschläge, tun uns sehr leid, gießen auch noch einiges in uns hinein, damit uns sämtliche Schweißarten nicht ausgehen, und werden dabei recht fröhlich.
Die Schützen kommen zufrieden wieder. Ja, die Gewehre haben alles gut überstanden. Genießerisch helfen sie der Sonne bei der Bierverdunstung und kommen zu der Erkenntnis: »Also, so ein Veilchen an Menschen verheilt ja wieder – aber eine kaputte Bockbüchse, ja, das wäre ja ein richtiges Unglück gewesen!«

Es gibt noch mehr Jäger, die auch nicht besser sind

Die Grünen und die Nackten

Fast bis zur Nase in Seifenschaum versteckt, kämpft sie mit gründlich verdreckter Jagdkleidung, als der Postbote kommt und ihr grinsend die Jagdzeitung überreicht.

»Mit denen hätten Sie nicht so viel Arbeit«, bemerkt er und stapft weiter. Auch sie stapft ins Häuschen, in der ihr Jäger schlummert, um neue Jagdkräfte zu sammeln. Sie konnte auf dem Titelblatt nur etwas Schwarzes erkennen und greift deshalb zur Klarheit verschaffenden Brille. »Uff – allerdings«, antwortet sie nachträglich dem nicht mehr vorhandenen Briefträger.
Dafür weckt sie energisch ihren friedlich schlummernden Jäger, indem sie die Zeitung, verziert mit vier splitternackten Negerlein, auf seinen biergefüllten, wohlgerundeten Bauch pocht: »Da, einige Kollegen von dir.« »Wo?« fragt er, um sich blikkend.
»Auf deinem Bauch.« – Freiwillig liefert sie ihm die Brille ...
Er reibt sich die Augen: »So was, auf einer deutschen Jagdzeitung! Fangen die jetzt auch an mit dem Nacktgetue.« Er betrachtet sich die schwarzen Jäger, die sich auf Großwildjagd, einbeinig auf ihren Speer gestützt, erholen.
Jetzt schaut er erst einmal sehr erstaunt seine Frau an, dann nochmal das Bild. »Was so ein Eingeborener kann, kann ich schon lange«, entscheidet er, erhebt sich ächzend und balanciert dann einbeinig, bemüht um aufrechte, kriegerische Haltung, in Hüttenmitte.
»Ganz entsprichst du aber noch nicht den Erfordernissen dieser Jäger«, stellt sie aufreizend fest.
»Ja, meinst du etwa, ich sollte hier nackert umherstolzieren?«
»Warum eigentlich nicht?«
Da wird er sehr sachlich und sagt: »Du spinnst!«
Ihr macht dies Gespräch allmählich Spaß. »Wenn ich daran denke, wie ihr, bis über die Zähne bewaffnet, auf kleine Hasen schießt, während die da, lediglich mit Speer ausgerüstet, auf Großwildjagd gehen, da find' ich, könnt ihr euch rechtmäßig gar nicht mehr Jäger nennen.«
Nun wird er ganz fürchterlich wach. Wechselt das Bein – nein, stellt sich breit auf beide Beine und sagt: »So, die sollen mal herkommen, und wenn sie genug gefroren haben, steck' ich sie in Lederhosen und Gummistiefel. Was meinst du, wie komisch die dann ausschauen, und einen Hasen würden die auch nie treffen mit so einem Speerstengel. Ich würde auch lieber Elefanten ja-

gen, so – und jetzt will ich einen Schnaps, weil so einen Schmarrn, den du redest, muß sich auch kein Neger anhören!«
»Mir kannst du auch einen geben«, bittet sie, scheinheilig grinsend. Das Titelbild betrachtend, schlürfen sie die gute Flüssigkeit. »Aber tolle Knaben sind es doch«, stichelt sie noch einmal schnapsselig.
»Von mir aus, häng sie dir ans Bett. Kämen die jetzt so plötzlich auf dich zumarschiert, möchte ich dich nicht schreien hören oder rennen sehen. Oder sollen wir hinfahren?«
»Nicht nötig, ich bin ja bescheiden und finde dich schön genug ...
Dann geht sie wieder waschen.
Er schielt noch einmal seine schwarzen Kollegen an, genehmigt sich darauf einen weiteren Schnaps fürs andere Bein, betrachtet nachdenklich seinen Bauch und denkt: »Wenn ihr unser gutes Bier hättet, könntet ihr auch nicht mehr auf einem Bein stehen und – ach, was soll's überhaupt...«

Wildsau-Neurosen

Gut, daß es schlaue Psychologen gibt, die uns sagen, was uns aus unserer finsteren Vergangenheit belastet und uns durchwegs zu seelisch verklemmten Krüppeln macht.
Ein Jägerseelenleben zu sezieren ist viel einfacher. Leidet ein solcher unter Depressionen, oder ist er schlichtweg schlecht gelaunt, muß man nur verschiedene Jagdbegriffe erwähnen und darauf achten, bei welchem Wort dieses umfassenden Gebietes der offensichtlich Leidende zusammenzuckt.
Bei uns war es das leider so oft mißbrauchte Wort »Sau«, bei welchem sich die Mimik meines großen Jägers verfinsterte. So traf ich den schmerzhaften Punkt in seinem verzwickten Seelenleben, als ich fragte, wieso er noch keine geschossen habe, obwohl diese kräftigen Tierchen jährlich mehrmals im Revier von sich reden machen, indem sie beachtlichen Schaden anrichten. Diese Schweinchen ersparen mir, manchen heißgewünschten Gegenstand laut zu fordern. Wildschäden gehen nun einmal vor.

Kummervoll berichtet er, daß er die einzige Sau, die ihm nach langem Warten in Eis und Schnee kam, glatt verfehlte. Der Schuß ging völlig daneben. Bis heute konnte er diese Pleite weder fassen noch verdauen, obwohl inzwischen Jahre vergangen waren. Ich tröstete ihn damit, daß sich bestimmt eine Platzpatrone in den Gewehrlauf geschmuggelt hatte, was er jedoch empört von sich wies.
Dann war es wieder so weit. Schwarzwildspuren waren gesichtet worden, und man rief nach allen erreichbaren Jägern, um diese einzukreisen. Geknickt und zaghaft zog er los, wie zu seiner eigenen Beerdigung. »Ich hab' ja doch kein Glück«, war sein klagender Abschiedsgruß.
Meine enthusiastischen Reden hatte er völlig überhört, daß es bestimmt auch bei ihm einmal klappt und auch sonst noch viel Ermutigendes. Aber bei dem Wort »Sau« fiel ein undurchdringlicher Vorhang, der sein Wahrnehmungsvermögen total verfinsterte. So hoffte ich sehnlichst mit. Es half.
Nach Stunden klingelt das Telefon. Ein sehr heiserer Mensch berichtet am anderen Ende, daß er einen Mordskeiler erlegt hat. Bei dem Gestotter und Gekrächze befürchte ich ernsthaft, daß der Mordskeiler erst einmal seinen Erleger überrannt hat, denn irgendwie scheint dieser beschädigt.
Nach weiteren Stunden kommt eine Horde Jäger an. Und siehe da, alle sind heiser! Nicht enden wollende »Horridos« usw. erschüttern unser Haus sowie die uns umgebenden Felsen. Ich gelange zu der Erkenntnis, daß wohl kein Weib der Welt ein Jägerherz so nachhaltig erfreuen kann wie eine solche Beute. Wochenlang gibt es nichts, was seine Stimmung trüben könnte. Der Gedanke an die Sau überstrahlt alles.
Doch nun reißt die Glückssträhne nicht mehr ab. Zwar stolpern keine Superkeiler mehr in seine Schußlinie, doch auch drei kleinere Überläufer sind nicht zu verachten. Geschmeichelt nimmt er den Titel »Saujäger« entgegen.
So werde auch ich im Laufe der Zeit infiziert. Zu gerne möchte ich ein noch in freier Wildbahn herumgrunzendes Wildschwein sehen.
Bei den nächsten gefundenen Spuren setze auch ich mich mit an,

und zwar wie eine Roulade zusammengerollt und verpackt. Nichts passiert. Eine Woche lang frier' ich in der Gegend herum, bis eines Abends deutliches Grunzen in der Nähe meines Sitzes zu hören ist. Seltsam, das Geräusch klingt irgendwie vertraut. Dann poltert es laut, und ich warte mit angehaltenem Atem, da röhrt ein deutlicher und besser nicht wiederzugebender Wutschrei durch's friedliche Gelände. Mir dämmert es. Der Saujäger war laut schnarchend erst einmal eingeschlafen und dann von seinem Sitz gefallen. Prompt schlief auch mein Interesse an Wildschweinen ein – jedoch ohne zu schnarchen.

Im Sommer nun belebte ein Jungjäger über's Wochenende das Revier. Eine gerade stolz bestandene Prüfung, viel Optimismus und eine nagelneue Bockbüchsflinte zeichnen ihn aus. Er soll seinen ersten Bock schießen, doch der Abend verläuft schußlos. Die Hütte ist wie immer Treffpunkt nach dem Ansitz und Klagestätte für verpaßte Gelegenheiten, die schließlich heruntergespült werden müssen.

Zuletzt erscheint der Jungjäger, sehr blaß und verstört, ein mir vertrautes Symptom. Er erzählt, daß vor seinem Sitz der besagte Bock erschien. Gerade will er anlegen, sah er einen Keiler auf sich zukommen und vor ihm stehenbleiben! Zwanzig lange Folterminuten lang saß er da mit der Frage: was soll ich schießen? Er konnte sich zu nichts entscheiden. Zum ersten Male als Gast im Revier wagte er nicht mit einem kapitalen Keiler anzukommen.

Seinem Bericht folgt ein furchtbares Schweigen, oder ist es das fassungslose Staunen? Doch dann kriegt er furchtbar viel zu hören! Seine Länge von fast zwei Meter reduziert sich zusehends. Mir tut er leid, und ich hoffte, er kann bald diesen Schuß nachholen, denn ich weiß, wie schwer eine solche Wildsau-Neurose zu heilen ist, und rate seiner Frau das Wort »Wildsau« ja nie zu gebrauchen.

Seltsamer Waschtag

Er war immer ein eleganter Herr, und sie hatte wirklich Grund, stolz auf ihn zu sein. Dreißig Jahre lang hüllte er seine stattliche Erscheinung von Montag bis Freitag in Maßanzüge und die allerweißesten Hemden, und eifrig sorgte sie dafür, daß er äußerlich stets das Image eines Gentlemans vertrat. (Daß er es innerlich war, wußte sowieso ein jeder, nur sagte man damals noch einfach »gepflegt« dazu.)

Am Wochenende wechselte er das weiße Hemd in ein grünes um, natürlich nicht minder gepflegt – und los ging's ins Jagdrevier. Er liebte seine Frau mindestens so sehr wie die Jagd, und sie liebte sowieso alles, was er liebte. Schlicht – sie waren ein Herz und eine Seele und dazu noch sehr gepflegt.

Endlich war nun der Tag gekommen, an dem er morgens nicht mehr pünktlich um acht Uhr ein weißes Hemd anhaben mußte, sondern noch schlafen konnte. Er freute sich, und deshalb freute sie sich auch. Anschließend zog er nur noch grüne Hemden an. Ins Revier brauchten sie auch nicht mehr zu fahren, denn da lebten sie nun in einer gemütlichen Jagdhütte. Die gepflegte Stadtwohnung stand leer.

Er fand es herrlich, den ganzen Tag Hochsitze zu bauen, Wildäcker zu pflanzen, jäten, ernten und überhaupt Revierarbeiten machen zu können. Nur einen Nachteil hatte sein ersehntes neues Leben. Alles was er tat, war mit Dreck verbunden. Nicht, daß ihn das gestört hätte, er bemerkte es überhaupt nicht – aber seine Frau!

Leider war in der Hütte keine Waschmaschine und auch sonst nicht alles so bequem. Sie gab sich wirklich sehr viel Mühe, die gewohnt gepflegte Umgebung zu bewahren, aber wenn man ein halbes Leben lang, ohne jede Mühe zu scheuen, Hausfrau war, lassen die Kräfte manchmal nach. Besonders, wenn plötzlich das Dreifache zu tun ist.

Denn, kam er zum Mittagessen, hatte er dreckige Stiefel, noch dreckigere Hosen, Hemden und Hände. Dasselbe wiederholte sich vor dem Kaffeetrinken und Abendessen. Vor lauter Dreck sah sie oftmals seine strahlenden Augen nicht mehr.

Anfangs bat sie ihn in gewohnt liebevoller Weise um mehr Vorsicht, handelte selber mit mehr Umsicht, doch eines Tages war es aus mit ihrer Nachsicht, erreichte aber endlich mehr Einsicht – und das kam so:
Es regnete. Nicht gerade außergewöhnlich. Aber es regnete schon zwei Wochen lang. Sie befürchtete, in der Hütte abzusakken oder wegzuschwimmen. Er befürchtete gar nichts.
Zuerst hatte er ein überfahrenes, völlig unbrauchbares Reh zu Hundefutter verarbeitet. Kleiderwechsel. Dann war er mit dem Auto im Lehm stecken geblieben und hatte es geschafft, allein wieder herauszukommen! Wieder dringend notwendiger Kleiderwechsel. Dabei fiel ihm auf, wie schön weich die Erde nun wäre, um einen Markstammkohlacker anzulegen. Dieser gute Einfall mußte gleich in die Tat umgesetzt werden. Danach nicht nur vollständiger Kleiderwechsel, sondern auch gründliches Waschen von Lehmknieen und Ellbogen.
Sie brachte mit ungewohnt blaßer Nase warmes Wasser für den Körper des Ex-Gentleman – und griff zu einer großen Schere.
»Das haben wir gleich wieder«, versprach sie. Er planschte fröhlich im Wasser. Von nebenan hörte er: ritsch, ratsch. – »Hier, deine Kleider!« Automatisch griff er danach. Nanu – wo waren denn die Ärmel geblieben? Der Bauch schaute auch rosig heraus! Auch die Knie schielten sich erstaunt durch Fenster an.
»Ist das sauber genug?«, fragte sie gelassen mit Schere, »oder habe ich irgendwo Dreck übersehen, es täte mir leid.« Zum ersten Mal war er sprachlos.
Da! Das Geräusch eines haltenden Autos. Er flieht ins Schlafzimmer. Ein Glück, da ist der Kleiderschrank.
Sie empfängt die Gäste – ohne Schere. Ein Jagdfreund mit Frau wollen über das schlechte Wetter hinwegtrösten.
Nach längerer Zeit erscheint ein verlegen Lächelnder, ängstlich zu seiner Frau Schielender aus dem Schlafzimmer. Verschwindet aber mit seinem Freund sehr schnell außer Haus, um eine wichtige Jagdangelegenheit zu erledigen.
Die Frauen trinken Kaffee, wobei die Besucherin von dem gründlichen Waschtag erfährt. Dann beschließen sie, noch zum Einkaufen zu fahren.

Was ist denn das? Vor der Hütte ist ein Holzsteg zum Auto gebaut, damit man dieses trockenen Fußes erreichen kann, und das Auto selbst strahlt und glänzt wie noch nie, außen wie innen! Dieser Glanz doppelt und dreifach widerspiegelt sich in den Augen der langjährigen, geduldigen Jägersfrau, und sie erkennt: »Das hätte ich schon viel früher machen sollen.«
Für ähnliche Fälle genügt hoffentlich dieser Bericht.

Wild füttern usw.

Gabi war wütend. Nur weil in dem lächerlichen Zwischenzeugnis »Versetzung gefährdet« stand, hatten ihre Eltern, wie sie sich einbildeten, erzieherische Maßnahmen ergriffen und sie hier auf dem Bauernhof bei Tante Anna abgesetzt, während sie sich selber im prominenten Skiparadies tummelten. Die Einsamkeit dieser Hinterwäldlerlandschaft sollte nun ihren Mathematikbüffeleifer anspornen. Niemals! – Wild entschlossen versteckte sie das schlaue Buch in der hintersten Ecke. Danach dachte sie angestrengt nach. Thema: Wie kann man diese Ferien einigermaßen genießen? Doch was konnte einem hier schon einfallen?
Zum Mittagessen gab es Pfannkuchen, und irgendein wildfremder Einheimischer saß auch noch mit am Tisch. Sie würdigte ihn keines Blickes.
Da hörte sie die Tante den Fremden liebenswürdig fragen: »Würde es dich sehr stören, Gabi mal zum Wildfüttern mitzunehmen? Sie bekommt vor lauter Lernen schon richtig tiefe Sorgenfalten.« Empört guckte Gabi den ihr gegenüber sitzenden Pfannkuchenesser an.
»Uii! Der ist gar nicht übel«, stellten ihre Augen überrascht fest, und ihr Mund sagte auch schon: »Au ja!« – Zur Abwechslung ärgerte sie sich nun über sich selbst; denn wie konnte man nur so dämlich in Tantchens raffinierte Schlingen gehen! So steckte sie sich einen Riesenverlegenheitsbissen in ihren vorlauten Mund. Es folgte ein übler Erstickungsanfall, der sie beinahe auf ewig von sämtlichen Ärgernissen befreit hätte. Erschrocken sprangen alle auf und hämmerten ihr auf den Rücken.

Fritz, so hieß der wildfütternde Waldmensch, rannte besorgt nach einem Glas Wasser. Gabi, die gerade noch dem so unheroischen Erstickungstod ins Auge geschaut hatte, blickte nun wasserschlürfend zu ihrem eigenen Erstaunen in wunderschöne Jägeraugen. – Eine Stunde später fuhren sie gemeinsam los, dem armen, hungernden Wild zu helfen. Fritz' Dackel sprang ihr freundschaftlich auf den Schoß, leckte ihre Hände und – hatte fast so schöne Augen wie sein Herrchen.
»Ich hoffe, es wird nicht zu anstrengend für Sie«, sorgte sich Jäger Fritz.
»Nicht zu jeder Fütterung kann man hinfahren. Der Schnee da oben ist sehr hoch und die Wege weit.«
»Um so besser«, freute Gabi sich und zeigte nun, was sie in Wirklichkeit war: ein übermütiger, fast immer strahlender Teenager.
Fritz erklärte ihr nun, sie müßten erst zu Jagdhütte, da dort das Wildfutter deponiert sei, und Gabi interessierte sich plötzlich brennend für die Zusammenstellung eines solchen Wildmenüs ... Da waren sie auch schon am Ziel. Ruck, zuck wurde der Kofferraum so schwer beladen, daß die Autonase immer höher und neugieriger nach oben ragte. Dann schwang Fritz sich hinters Lenkrad und jonglierte den Wagen der Fütterung zu.
So ganz nebenbei erklärte er Gabi das Einmaleins des Jagens, wobei sie mit völlig neuem, ihr selbst unbekanntem Wissensdurst lauschte. Er untermalte temperamentvoll mit Händen und Füßen seinen Vortrag, bis – rumps – totale Finsternis sie umgab. Sie steckten in einer Schneewand. Mit einiger Mühe bekam Fritz eine Tür auf und stellte gelassen fest: »Nicht so schlimm, die erste Fütterung ist gleich hier in der Nähe.«
»Kann ich denn gar nichts tragen?« fragte Gabi hilfsbereit. – Sie konnte nicht. Die Säcke waren wirklich schwer. Stolz bewies Fritz seine Mordskräfte, indem er überbeladen der Fütterung entgegenkeuchte. Es begann erneut stark zu schneien, so daß sie sich nach dem voraussausenden Dackelpunkt orientierten, der seine Revier- und Wegkenntnisse bewies. Immer wieder kratzte er an Herrchens Bein, wenn Eisklumpen im Fell ihn fast unbeweglich machten. Gabi übernahm diese Aufgabe, wofür sich das

beladene Dackelherrchen überschwenglich bedankte. Unter schützenden Bäumen fanden sie den großen Wildfreßnapf. Tatsächlich – kein Krümel war mehr darin zu finden. Fritz wuchtete die neuen Mahlzeiten hinein, während der Dackel aufgeregt die hinterlassenen dunklen Kleckse untersuchte. Herr und Hund schienen vollauf zufrieden, und Gabi wurde aufgeklärt, daß dies keine Kleckse seien oder sonst was, sondern Losung.
Der Weg zurück zum Auto ließ auch den Jäger wieder aufatmen. Er benutzte den überflüssigen Atem, um Gabi zu erzählen und zu zeigen, wo ein Fuchsbau sei, wo er seinen letzten Bock geschossen habe und wie aufregend dies gewesen sei. Die eintönige weiße Landschaft schien auch Gabi immer lebendiger. So nebenbei erinnerte sie sich mitleidig ihrer Eltern, die sich auf irgend einem Skihang drängelten und kaum solch aufregende Trappererlebnisse hatten.
Da kläffte der Minijagdhund plötzlich bitterböse. Sie waren wieder in Sichtweite des Autos, zu dem sich nun ein Traktor gesellt hatte. Ein Bauer machte sich dort zu schaffen. Er hatte bei ihrer Ankunft schon alles vorbereitet, die Autonase aus dem Schnee zu ziehen.
»Nimm deinen Kläffer, sonst bin ich noch dran schuld, wenn der sich's Genick bricht. – Ja, wo hast Du denn nur Deine Augen gehabt?« Nach dieser Begrüßung sah er Gabi.
»Aha – deshalb.«
Fritz wurde furchtbar verlegen, ließ Gabi und Hund ins Auto und genehmigte sich und dem Helfer nach getaner Arbeit eine Zigarettenpause. Sie besprachen das Thema Wetter. Gabi fixierte diesen Landmenschen, ja, der Bauer sah wirklich nach knackiger Wurst, Brot und Butter aus. – Bei dieser Überlegung machte sich intensives Hungergefühl bemerkbar. Dabei hatte sie sich vorgenommen, bleich und abgezehrt vor ihren Eltern zu erscheinen, um bei ihnen ein richtig schönes Schuldgefühl zu bewirken. Nun spürte sie ihr Gesicht glühen. Die kalte Luft wahrscheinlich, aber da war auch noch etwas anderes . . .
Fritz sprang wieder ins Auto, und weiter ging's. Nicht lange. Klatsch! – Schon wieder war es zappenduster. Durchs Rückfenster erkannten sie noch einen davonrasenden Schneepflug.

»Wenn der nicht besoffen ist, freß ich ...« Was Fritz fressen wollte, hörte Gabi nicht mehr. Er hatte die Tür geöffnet und eine frischgepflügte Schneeladung auf seinen sowieso schon überbelasteten Denkapparat bekommen. Nun buddelte er sich wie ein Maulwurf dem Tageslicht entgegen. Sie half ihm gern. Auch dem Auto drohte der Erstickungstod; doch irgendwie schafften sie es, auch dieses auszugraben. Ähnlich wie vorher beim Hund, war ihre Kleidung danach voll Schnee und Eis, und so machte Fritz verantwortungsvoll am nächsten Gasthaus halt. Einen Glühwein gab's da! Dazu war es so gemütlich, daß sie sich entschlossen, erst am nächsten Tag weiterzufüttern. So geschah es auch.

Die Tante bekam am Abend das Kompliment, superschlau zu sein, da sie wisse, was den Lerneifer so richtig ansporne. »In Mathematik?« fragte sie neugierig. »Ach Quatsch.«

Viel zu früh erschienen die Eltern, da Vaters neu errungener Gipsfuß beim Skifahren hinderte. Gabi war entsetzt, so schnell ihr neues »Studium« aufgeben zu müssen, und da ein Gipsfuß beim Überlegen nicht hindert und Fritz ums Haus schlich, erkannte der Vater, daß Schnee nicht nur Knochen gefährlich werden kann. Aber wer kann das schon im voraus berechnen – und rechnen ist ja auch nicht seine Stärke – aber das braucht Gabi ja nicht zu wissen.

Murmeltier und Edelweiß

An was sollte man zuerst denken, wenn man auf eine Hochgebirgsjagd eingeladen wird? – Na? Natürlich sollte man überprüfen, ob die Gehwerkzeuge mit hübschen, strammen Waden bestückt sind. Auf stramm wäre noch der größere Wert zu legen!

Gabi tat das nicht. Sie ließ von ihrem Ehemann, dem Waffenfachmann, ihren Repetierer überprüfen, damit der auf 100 m genau »Fleck« schießt. Sie fand, das sei das Wichtigste, als die Einladung sie überraschte, in Tirol ein Murmeltier zu erlegen.

Den Entfernungsunterschied bewältigte sie schnell und problemlos, indem sie mit dem Fuß kräftig das Gaspedal drückte, und ihr Auto kletterte brav die Berge hinauf und noch lieber am anderen Ende wieder hinunter, bis sie bei besagtem Forsthaus angelangt war.

Die Berufsjäger guckten über die eintretende Gabi hinweg zur Tür, denn da mußte ja die »wichtige Persönlichkeit« erscheinen, der man den Murmeltierschuß freigegeben hatte. Gabi stellte sich auf die Zehen – es half nichts. Erst als sie ihren Repetierer auspackte, fragten sie, wem der gehöre. »Also Sie?« – Die zwei Jäger werfen sich einen langen, stummen, vielsagenden Blick zu. Gabi verstand die stummen Blicke. »Auch das noch, ein Weib! Die schießen doch nur daneben, und das Zeug darf man ihnen auch noch hinterhertragen.«

In höflich-sachlichem Ton teilten sie ihr nun mit, daß es gleich morgen los gehen solle. »Um drei Uhr morgens und bitte pünktlich steigen wir auf.«

Gabi stieg erst einmal früh ins Bett, und als der Wecker klingelte, wollte sie sich schnell wieder umdrehen und weiterschlafen, doch der gestrige Wechselblick der zwei Jäger ließ sie gleich hellwach werden.

Sie zog sich dicke Socken und die schweren Bergstiefel an und rüstete sich auch sonst für gutes, noch mehr für schlechtes Wetter aus; dann das Fernglas, fast ein Kilo, Patronen und den Repetierer – drei Kilo. Als sie so die Treppe runterplumpste, versteht sie überhaupt nicht mehr, wieso sie sich über diese Einladung freute. Doch das Frühstück macht sie schon etwas optimistischer.

Pünktlich erscheinen auch die Berufsjäger und erklären ihr, daß sie einen mindestens Zweistundenmarsch vor sich haben. Ein Murmeltier ist auf einen Felsvorsprung gefallen und kann von dort weder rauf noch runter und ist am Verhungern. Das soll sie erlegen. Auch sie können nicht zu diesem Felsvorsprung, und sie muß versuchen, den »Bär« (gemeint ist das männliche Murmeltier) zu schießen, wenn er vorn am Rande steht. Dazu noch mit einem Kopfschuß, weil nur so die Möglichkeit besteht, daß er herunterfällt und sie ihn haben können. Wenn sie ihn am Körper trifft, fällt er nach hinten, und sie kommen nicht an ihn heran. Gabi ist beeindruckt, doch dafür ist jetzt keine Zeit. Los geht's.

Gebirgsjäger sind immer gute Kletterer. Ein steiler Hang ist für sie ein Spazierweg. Für Gabi ist es ein steiler Hang, der dazu noch mit rutschfesten Klotzen an den Beinen bestiegen werden muß. Doch Gabi besitzt noch etwas anderes als Klotzbeine, nämlich einen eisernen Willen, und der macht ihr klar: keine Schwäche zeigen, immer schön weiter!
Zwischendurch denkt sie noch: »Daß ich ausgerechnet den schweren Repetierer mitnehmen mußte!« Sie hatte noch die leichte Kipplaufbüchse. – Denken darf man ja noch.
Es ist ein schöner Morgen. Mehrmals sehen sie die Gemsen, einen Adler, und die klare Luft belebt. Nach Stunden endlich zeigt einer der Jäger auf einen Felsen. »Da ist er.« Mit dem Fernglas suchen sie den Felsen ab – nichts. »Dann müssen wir eben warten.« Ein Weilchen wird noch nach dem günstigsten Punkt gesucht, den Fels zu übersehen. Gabi ist erst mal froh zu sitzen. Nach einiger Zeit hören sie pfeifen. Die Murmeltierfamilie steht oben am Berg und äugen zu ihrem abgestürzten Großvater hinunter. Es herrscht helle Aufregung. »Das geht nun schon seit Tagen so« berichtet der Jäger. Gabi ist über den Familiensinn der Tiere beeindruckt. Und da sieht sie ihn – den Murmelbären! Er scheint schon sehr schwach zu sein, klettert am Felsrand entlang – sucht immer noch einen Weg. »Nur schießen, wenn er sich aufrichtet«, wird ihr zugeflüstert.
Gabi hat sich aus Rucksack und Anorak eine Gewehrauflage gebaut. Sie liegt im feuchten Gras und beobachtet durch's Zielfernrohr den »Bär«. Lange, sehr lange. Sie merkt nichts mehr von schweren Beinen, auch nicht, wie die Arme sich verkrampfen, nur noch eine Gedanke ist da: der Schuß muß hundertprozentig sitzen! Der Zielstachel wandert mit dem »Bär« hin – und her. Da stellt er sich auf! Bumm. Der Schuß hallt von den Bergen zurück, und sie sieht gerade noch, wie das Murmel abstürzt. »Donnerwetter, Waidmannsheil!« schreit es ihr gleich von zwei Seiten in die Ohren.
Sind das noch die gleichen finsteren Blicke von gestern? Unmöglich! Der eine hebt sie juchzend hoch und schwenkt sie durch die Gegend. »Nie hätte ich gedacht, daß auf diese Entfernung der Schuß so klappt!« Sie können sich kaum beruhigen. »Ich weiß

nicht, ob ich das so hingekriegt hätte.« Die Freude der beiden ist riesengroß und echt, und auch sie selber hat das Gefühl, nur noch aus Seligkeit zu bestehen.
Sie steigen ab zum Murmeltier. Es war höchste Zeit, es zu erlegen, denn seine Fettpolster waren auch nicht mehr vorhanden. Der Jäger packt ihn in den Rucksack. »Für so einen guten Schuß braucht man ein ganz besonderes Bruchzeichen. Wie wäre es mit einem Edelweiß?« Gabi nickt selig, ohne zu wissen, was ihr nun blüht – außer Edelweiß. »Da müssen wir noch ein bißchen weiter.« Das Bißchen weiter sind noch einmal einundeinhalb Stunden Aufstieg. Gabis Seligkeit rutscht wieder in die Klotzbeine. Wenn sie das gewußt hätte!
»Da haben wir ja welche!« ruft endlich einer der Begleiter. »Ich seh' gar nichts«, meint Gabi. »Schauen Sie auf den Felsen.« Auf einer überhängenden Felsnase zwei Meter unter ihr stehen Edelweiß. »Da kommt doch niemand hin.« »Das haben wir gleich.« Schon wieder grinsen sich die beiden vielsagend an. Plötzlich bücken sie sich und packen sie an den Beinen, und mit Schwung lassen sie sie kopfüber die Felswand herunter.
Gabi hat gar keine Zeit zu erschrecken. Sie blickt in einen ein paar hundert Meter tiefen Abgrund, merkt, wie ihr Blut mit ihr nach unten rutscht, grabscht schnellstens nach einem Edelweiß und schreit: »Ich hab's!« Starke Arme ziehen sie wieder nach oben. Dies alles ging blitzschnell. Glücklich wieder auf den eigenen Klotzbeinen stehend, ein Edelweiß in der verkrampften Hand, schaut sie in die strahlendsten Gesichter ihres Lebens. Da steigt auch ihr Schreckgefühl auf Fröhlichkeit um.
Sie befestigt sich das Edelweiß am Hut und weiß, das sie ein Leben lang darauf achten wird. Wem wurde schon ein Bruch überreicht zwischen Himmel und nichts darunter, dazu noch auf dem Kopf stehend.
Ein Schnapsfläschchen ist plötzlich da und dicke Butterbrote. Wie das schmeckt! Sie sitzen noch eine Zeitlang auf dem Fels, und Gabi schiebt diese herrliche Landschaft in ihr Gedächtnis, auf daß all dies Schöne nie verlorengehe.
Der Abstieg ist leichter. Ein Glück!
Im Forsthaus angelangt, hat sie nur noch ein Bedürfnis, nämlich

die Stiefel auszuziehen. Die Beine würde sie am liebsten gleich mit dazulegen.
Die Jäger zeigen keine größeren Ermüdungserscheinungen. Sie wollen am nächsten Tag auf Gamsen. Ob sie mitkommt? Sie darf einen schießen! Das ist eine besondere Auszeichnung. Sie weiß das. »Gerne« strahlt sie – und schläft am Tisch ein.
Am nächsten Morgen, als sie in die Stiefel steigen will – was ist denn los? Das sind doch meine. Daraufhin schaut sie ihre Füße an – das sind aber nicht meine! Die Füße hier sind dick geschwollen und voller Blasen. Sowas.
Als die Förster kommen steht sie immer noch ohne Schuhe da und muß gestehen, daß Füße und Schuhe nicht zusammenpassen und auch sonst irgendwelche schmerzenden Lähmungserscheinungen ihre Beine befallen haben.
Diesmal folgt kein Vielsageblick der beiden, sondern nochmal ein fröhliches »Waidmannsheil«, und die Einladung zur Gamsjagd bleibt bestehen!
Wochen später erlegte sie nach noch größeren Strapazen, mit ebenso gekonntem Schuß, einen Gams, verzichtete allerdings auf einen Edelweißbruch.

Großvater

Grundsätzlich kennt man in einem Jägerhaushalt keinen grauen Alltag. Zu dieser Erkenntnis gelangte ich in den vergangenen zehn Jahren. Zwar kommt mir manches kariert, gesprenkelt oder gar gestreift vor, und das auch noch vorwiegend in Grüntönen, trotzdem – ein recht buntes Leben! Drei Jäger konkurrieren nämlich in unserem Haus miteinander und haben mich, wie selbstverständlich, zur Jury auserkoren, wozu mich mein jagdliches Unwissen auch bestens befähigt.
Den Löwenanteil von Beachtung (oder Entsetzen) erheischt sich meistens Großvater. Er hat das achtzigste Lebensjahr ohne Anzeichen eines Tattergreises längst überschritten und verfällt nun täglich auf neue Tricks, uns und sich selbst seine Forschheit zu beweisen. Er ist mit dem glücklichen Gemüt und Selbstver-

trauen einer Straßenwalze gesegnet und jederzeit fest entschlossen, Lästiges oder gar Freudehemmendes platt zu walzen. Manchmal gerate auch ich unter die Walze.
Kaum daß sich das neue Jahr anzuschleichen beginnt und alle Welt zu großen Silvesterfeiern rüstet, kommen für mich die aufregendsten Tage, denn Großvater hat, natürlich gemeinsam mit dem neuen Jahr, Geburtstag. Ungefähr schon einen Monat vorher beginnt er sein kokettes Spielchen mit seinem ehrwürdigen Alter. In dem Punkt steht er konkurrenzlos da, das muß genutzt werden!
Er legt dann sein von Natur eher frech-fröhliches Gesicht in tragische Falten. Das dauert zwei bis drei Tage. Danach konzentriert er sich auf eine fast niederträchtig wirkende salbungsvolle Sprechart, bis wir ihn bei all seinem Tun mit sorgenvollen Blikken begleiten und uns mit Aufmerksamkeiten fast überschlagen. Woraufhin er uns belehrt, daß er wohl kaum älter als hundert Jahre würde und die paar Jährchen ja so schnell vergingen und er vor Sorge um uns nicht mehr schlafen könne, denn was wären wir ohne ihn!
So um Weihnachten herum haben wir alle einen Tiefpunkt von Traurigkeit erreicht und fühlen uns wie Hundertjährige. Dieser

Punkt einer seelischen Zerrüttung ist für Großvater das Startsignal, uns einen neuen Anfall von Lebensfreude vorzuführen. Er geht jagen, angeln, besucht sämtliche Gasthäuser und belehrt friedliche Biertrinker, daß er der Klügste ist. Sobald es etwas hell wird, vernimmt die ganze Nachbarschaft das gequälte Jammergeheul seines Autos (es hat glücklicherweise dieselbe zähe Natur wie sein Fahrer). Nervenzerrüttend, mein Herzschlag steigert sich kreislauffördernd, Großvater geht auf Pirsch! Und genau das kann er nicht mehr. Man hört ihn kilometerweit. Trotzdem herrscht nie Mangel an Trophäen! Da er nie ein hitziger Schütze war, durchforstet er den Wald nach seltenen Pflanzen und sonstigen Raritäten und kommt stets mit gefülltem Rucksack zurück. Geheimnisvoll schleppt er alles in seinen Fuchsbau (anders kann man seine Räume wirklich nicht bezeichnen), dort wird dann alles noch einmal untersucht, getrocknet, verarbeitet, oder weiß der Kuckuck, was mit dem Rest geschieht – weggeworfen wird nie etwas. Er hat die vollkommenste Hausapotheke, nur riecht es nicht so hygienisch.

Kürzlich war er um Mitternacht noch nicht zu Hause. Wir machten uns auf die Suche. Bedauerlicherweise stand sein Auto an keinem Gasthaus, wie wir hofften, sondern am Waldrand. Wir ahnten Fürchterliches und rannten laut rufend los. Großvater saß in der Mitte einer Lichtung auf seinen Jagdstock und guckte mit dem Fernglas nach den Sternen. Als wir völlig außer Atem ankamen und fragten, was er denn bis Mitternacht im Dunkeln bestaune, erklärte er uns Sternbilder. Diese seien nur selten so klar zu erkennen, und das könne er sich nicht entgehen lassen. Danach hatte er ein steifes Genick, doch in seiner Apotheke befand sich glücklicherweise das richtige Tinktürchen.

So zwei oder drei Tage vor Neujahr läßt sich jedoch der schlimmste Tag des Jahres für ihn und mich nicht länger aufhalten. Zu seinem Wiegenfest erscheinen nämlich größere Scharen von Jägern, um dem schon so lange der Wiege Entwachsenen zuzuprosten. Großvater versucht dieser Feier einen besonderen Reiz dadurch zu vermitteln, indem er seine diversen und gewaltigen Mengen von Trophäen aller Art aufbaut. Als Meister der Unordnung findet er sich dann nach kürzerer Zeit nicht mehr zurecht und gestattet mir gnädigst Eintritt in seine Gemächer, um Übersicht zu schaffen. Sonst lehnt er strikt jede reinigende Hilfe seiner Behausung ab. An solchen Tagen bewirkt scheinbar die dem Alter zugestandene Weisheit die Erkenntnis, daß mal geputzt werden muß! Er steht mir dann im Weg herum und schreit dauernd: »Vorsicht!« Etwas, was er sein Leben lang nicht kannte, und wahrscheinlich steht er Todesängste aus, daß dieser Trampel von Schwiegertochter etwas »Wertvolles« wegwerfen oder sonst noch irgend etwas Fürchterliches anstellen könnte. Dabei hatte meistens ich die guten Ideen, z. B. sein Bett zu einer Art Schaltzentrale umzubauen.

Früher kollerten die Fläschchen mit dem fröhlich machenden Inhalt unter dem Bett herum, und nur, wenn sie ganz nach hinten gerollt waren und er nicht mehr ran konnte, durfte ich unters Bett kriechen und sie wieder vorholen. Irgendwann war mir das zu dumm, und wir bauten an eine Schublade kleine Räder. Diese paßte wunderbar unters Bett, ein Griff – und lautlos rollt seine Auswahl von »Weihwasser gegen Bandwürmer« heran.

Genauso griffbereit vom Bett aus kann er sechs(!) Apparate bedienen sowie Fenster auf und zu machen. Dieser Raum hätte zehn Patente verdient, nur das Patent, ihn sauber zu machen, wird es nie geben. So kämpfe ich mit Großvater um Berge von sorgfältig gesammeltem Mist und wohlbehütetem Staub, bis er erschöpft Zugeständnisse macht. Dann bin ich aber zu erschöpft, das Reinigungswerk zu vollenden.

Die meisten Geburtstagsbesucher erscheinen am letzten Tag des Jahres, also einen Tag zu früh, und wärmen sich so schon für den Neujahrsempfang an. Großvater räumt vorher noch heimtückisch seine inzwischen berühmt gewordene Flaschen-Bettlade leer, um für neuen Vorrat Platz zu schaffen. Jagdhornbläser kommen, und viele halten eine Lobrede. Die hört Großvater besonders gern. Doch dann hält er seine Dankesrede und übertrifft sie alle. Er erzählt von seiner Jugendzeit und, wie damals gejagt wurde! Baron Münchhausen könnte noch einiges lernen. Jedes Jahr kommen neue Geschichten hinzu. Er hat dann wieder sein frech-fröhliches Neujahrsgesicht, und ich bin sicher, alle wünschen und hoffen, daß er hundert Jahre alt wird.

Nicht einmal Kinder bleiben vom Jagdfieber verschont

Entwicklung von Jägernachwuchs

Sie werden nicht etwa gewölft, gefrischt oder gar geworfen. Nein, sie werden ganz normal geboren und dies auch nicht versteckt in irgend einer Dickung im Wald, sondern in einem dafür vorgesehenen »Krankenhaus«.
Verlaufen kann man sich darin zwar genau so wie im Wald, was den Jagdnachwuchsproduzierern auch meistens passiert, weil in solchen Häusern keine Pirschpfade existieren, sondern schrecklich breite Gänge und sie haben sich meistens angewöhnt, die unzugänglichsten Gängelchen zur Fortbewegung zu benutzen. Aber ihr Jagdinstinkt läßt sie dann doch irgendwann- und irgendwo den richtigen »Frischling« finden.
Freude und Stolz sind dann meist so groß wie beim Abschuß eines 1a Bockes oder Hirsches. Und ihr Verhalten ist auch dasselbe wie nach einem guten Abschuß. Sie heben das Glas, schütten den kräfteerneuernden Inhalt in sich hinein. Entweder ist es aus Gewohnheit oder aus Mangel eines für diesen Anlaß passenden Liedes.
Nur der Volltreffer, den sie gelandet haben, verhält sich gar nicht volltrefferartig. Er liegt ganz und gar nicht bewegungslos da, sondern zappelt dauernd, nässt vor sich hin, löst sich mehrmals täglich, hat sogar ständig Hunger – alles Gründe, mit seiner Umgebung äußerst unzufrieden zu sein, was durch Marathonschreikrämpfe kundgetan wird. Man sieht also, Jägerkinder sind eine sehr viel kompliziertere Spezies als die Kinderlein der Gejagten. Aber dieser Zustand dauert ja nicht ewig, und da kleine Jäger, genau wie kleine Hunde, sehr intelligent sind, geht das Abrichten verhältnismäßig schnell vonstatten. Am besten, man zieht Hund und Kind zusammen groß.
Das erste, was das Kind bewußt wahrnimmt, ist die Farbe grün. Vaters Äußeres führt ihm alle Varianten dieser schönen Farbe vor Augen, Mütter passen sich dem früher oder später an, und

die ozonhaltige Luft, die ihre Entwicklung fördern soll, kommt aus grüner Umgebung.

Begreift so ein Jägerlein dann endlich, daß es kein Hund, Hase oder Reh ist und nur auf zwei, statt auf vier Beinen laufen soll, will es auch eine grüne Jägerhose. Da muß es natürlich lernen, diese nicht voll zu machen, sei es von innen oder außen. Selbst große Jäger haben damit ihre Schwierigkeiten – ich meine natürlich außen.

Zur nächsten Jägerentwicklungsstufe gehört ein Messer! Daß ein Messer scharf ist, merken sie meist von selbst – zu spät natürlich. Ein gewisser Blutverlust muß in Kauf genommen werden, was dieser gesunden Rasse auch selten schadet. Nur sollten Eltern darauf achten, daß Glieder, so viel Unfug sie auch anstellen, erhalten bleiben. Erweisen sie sich doch zur späteren Jagdausübung als notwendig.

Es hat sich als vollkommen überflüssig erwiesen, solche Jungjägerlein mit Vorsichtsmaßregeln zu traktieren. Sie meinen, alles besser zu wissen. In diesem Alter zeigt sich der auffallendste Unterschied zu Tierkindern, die altmodischerweise noch recht autoritär erzogen werden.

Narben entwickeln sich aber zu den besten Gedächtnishilfen, vorausgesetzt, ihre Erstellung war schmerzhaft genug. Eltern sollten deshalb stets etwas Ersatzhaut in Form von Hansaplast bei sich tragen, und in der relativ kurzen Zeit von einem Jahr sind Nachwuchsjäger wahre Meister in der Messerhandhabung, weniger beim Aufbrechen von Tieren als beim Schnitzen von Pfeil, Bogen, Schwert oder Armbrust.

Man darf auch nie vergessen, ihnen ihre Ausrüstung abzunehmen, sobald man die menschliche Behausung betritt. Das gute Vorbild allein nützt gar nichts. Der Drang nach Vervollkommnung der Messerhandhabungstechnik macht nicht unbedingt vor Möbeln halt.

Des weiteren braucht es viel Überzeugungskraft, ihnen klarzumachen, daß Messerwerfen ein unwaidmännischer Brauch ist in unseren Landen und sie keine Indianerkinder sind und nicht jeder, den sie nicht leiden können, einfach erledigt werden darf.

Hilfreich ist ja hierbei, daß sie so nebenbei auch lesen lernen. Die

Lektüre von Karl May mit so edlen Vorbildern wie Winnetou und Old Shatterhand läßt sie dann endgültig den feinen Unterschied begreifen, was man darf und was nicht.
Dann dauert es leider nur noch wenige Tage, und die kritischste Entwicklungsstufe ist erreicht. Glieder und Kräfte sind lang und groß genug, ein Luftgewehr zu halten. Vorsicht! Manchmal erweist sich, daß die Gehirnentwicklung nicht so schnell vonstatten ging wie das sonstige Wachstum. Ihr Schießeifer übertrifft dann haushoch das Gefahreneinkalkuliervermögen. Was ihnen hierbei alles als würdiges Ziel ihrer Schießkünste erscheint, erspart Eltern praktischerweise Trimm-Dich-Betätigungen und entwickelt ihr Reaktionsvermögen auf Rennfahrerniveau.
Da nützen nur noch autoritärste Abrichtmethoden und bei jeder Zuwiderhandlung totaler Waffenentzug, das einzige, wovor Jägerlein sich noch fürchtet.
Im Laufe der Zeit legt er dann freiwillig Schießpausen ein, die er dazu benutzt, möglichst schnell zu wachsen. Bei dem ihm angeborenen Eifer wächst er so schnell, daß Mütterchen in normaler Körperhaltung bald zu ihm aufschauen muß, was auch den kleinsten versuchten Autoritätsanfall mißlingen läßt.
Nun zögert Papa Staat nicht länger. Er schnappt das groß gewordene Jägerlein und steckt ihn in seine Jägerprüfungsmaschine. Wenn er da am anderen Ende wieder herauskommt, ist er zwar immer noch grün, diesmal aber vor Angst und Geistesüberanstrengung, hat aber kapiert, daß Jagd kein Schießsport ist. Und so ergeht es großen und kleinen Möchtegernjägern.

Jungjäger

Für Kinder gibt es kaum etwas Wichtigeres, als irgend etwas zu besitzen, was andere Kinder nicht haben und womit man richtig angeben kann. – Wir hatten glücklicherweise einen unsere Sinne beflügelnden Onkel, der die Untat beging, eine Frau zu heiraten, die sechs Kinder zuviel in die Ehe mitbrachte. Er landete, wie sich das in solchen Fällen gehört, in Amerika. Wahrscheinlich, um dem ewigen Getuschel und unseren staunenden Augen zu

entgehen. Heutzutage wäre mit solch einem Onkel nicht mehr viel Staat zu machen, befürchte ich.
Inzwischen kann ich aber selber mit einer Sensation aufwarten. Da es sich trotz größter Bemühungen nicht verhindern ließ, erwachsen zu werden, heiratete ich, wie sich das gehört, jedoch unüberlegterweise – einen Jäger. Wenn das keine Sensation ist! Bewußt wurde mir das allerdings erst, als ich Nichte und Neffe wiedersah, die Produkte meines Bruders.
Der Onkel erschien auch, im grünen Jagdanzug. Die Enttäuschung war jedoch riesengroß, daß er nicht dauernd sein Gewehr mitschleppte.
Wehe ihm! Denn er hätte ihnen beinahe den Gefallen gemacht.
Zur Vervollständigung eines Familienidylls hat es sich nun eingespielt, in den Ferien ein Nichten- und Neffen-Heim zu eröffnen.
Neffe Torsten gelang es, seine Mutter so lange weichzukneten, bis er zur Ferienzeit eine wald-wiesengrüne Jagdkleidungsausstattung hatte. Damit erschien der Sechsjährige und stellte sich uns als ein »echter Jäger« vor.
Die zehnjährige Birgit liebt Tiere über alles. Auf jeden Fall mehr als Schulaufgaben und Geschirrabtrocknen. Pfeif' ich dem Hund, kann ich sicher sein, daß sie mitkommt. Eigentlich pfeife ich dem Möchtegernjägermädchen, und ein Hund kommt mit. Ich hoffe, sie merkt den Trick nicht so bald, sonst peift sie mir etwas.
Der Onkel nahm die Minijäger beim Wort und begann einen Jagdkurs. Zu ihrem großen Vergnügen mit Schießen. Dem eifrigen Bonanzagucken der beiden ist zu verdanken, daß die Haltung des Luftgewehres nicht lange erklärt zu werden brauchte. Sogar ihr Gesichtsausdruck veränderte sich bei Übernahme der Waffe, bösewichtkalt und weit überlegen. Doch nicht lange.
Torsten ballert los. Er versucht es gleich aus der Hüfte, da es doch immer so kinderleicht aussieht. O je – wo ist denn der Einschuß? Respektlos kichert Birgit. Na, wenn das nicht anfeuert! Er nimmt auch gleich die Stellung eines Scharfschützen an. Konzentriert, mit einer Mimik, die jedem Lehrer Freude machen würde, doch leider – wieder ist das Ergebnis unauffindbar. Da ist

er wieder, der kleine Schulanfänger mit Babygesicht, aus dem noch dummerweise Tränen kullern. Nun tritt Schwester Birgit in Aktion. Für ihren Bruder hat sie im Vorbeigehen nur einen verächtlichen Blick übrig. Und tatsächlich, sie trifft! Wenigstens auf die quadratmetergroße Scheibe, und das gleich dreimal. – Völlig gebrochen verschwindet Jäger Torsten in seinem Bett und schläft vor Kummer ein. Am nächsten Tag darf er allein mit dem Onkel Salzlecken auffüllen fahren, und dies im Jeep! Am Abend wird mir ein schlafendes Bündel übergeben, das noch krampfhaft ein Eimerchen hält. Beim Ausziehen murmelt er, daß alle Rehlein nun ganz salzig werden und er selber auf einen Hasen trat.

Morgens um fünf Uhr gibt mir der kleine Jäger einen Tritt und verschafft sich somit Platz in meinem Bett. Ich werde gefragt, wann der Onkel denn endlich aufsteht. Er habe versprochen, heute einen neuen Hochsitz zu bauen, und er müsse ihm doch helfen, da der Onkel ja sonst unmöglich fertig werde, und ob sie denn nicht schon losgehen müßten. – Da kriegt der kleine Jäger von mir einen Tritt und den Befehl, still zu sein. Daraufhin steckt er den Finger in den Mund, meint einschmeichelnd, um bei mir ja nicht rauszufliegen, mein Bett sei viel schöner als seines und meine Haare fast so schön wie ein Hundefell, und dann schlafen wir noch eine Runde.

Zum Hochsitzbau ziehen wir alle gemeinsam los. Auch die Hunde wollen sich dies nicht entgehen lassen. Wir Kursteilnehmer suchen Stangen oder müssen Nägel halten. Torsten darf auch sägen. Wir leisten Schwerarbeit, bis ich das Essen auspacke. Unser Jägernachwuchs ißt nicht, sondern frißt. Dann spielen sie so echt Hund, daß ich sie von den echten Vierbeinern fast nicht mehr auseinanderhalten kann. Also kläff ich auch, irgenwie muß man sich doch verständlich machen, und prompt kommt die ganze Bagage an, außer dem echten Jäger, der nur mal kurz an die Stirn tippt und mir so seine ausnahmsweise nicht gefragte Meinung kundtut. Der Hochsitz wird auch wirklich fertig. Der Reihe nach steigen wir auf und loben uns den Mund fußlig.

Dann setzen wir uns an. Birgit schafft es mit großer Mühe, still zu sitzen. Sie wird aber durch den Anblick von vier Rehen be-

lohnt. Da kracht es am anderen Ende, wo die Männer sitzen.
»Hat der Onkel jetzt etwas...?« »Scheint so.« Sie weiß nicht so
recht, soll sie sich freuen, oder...?
Wir gehen in Schußrichtung. Aufgeregt hüpft uns Torsten entgegen und erklärt im besten Jägerfachjargon, wie der Abschuß
zustande kam. Stolz zeigt er mir dann einen Klecks Schweiß an
der neuen Jägerhose und verbietet mir unter allen Umständen,
dies auszuwaschen.
Am nächsten Tag belausche ich den Bericht der Kinder, wie er
dem Nachbarschaftsnachwuchs weitergegeben wird. Torstens
Jägerlatein ist einsame Meisterklasse! Ich denke: Wie schade,
daß ich nur einen kinderreichen Amerika-Onkel hatte. Mit einem Jäger kann man tatsächlich mehr Eindruck schinden. – Leider nur als Kind.

Ein ganz normaler Jägerhaushalt

Mutter traute ihren Augen nicht. Sechs Kinder marschieren
übers neue Scheunendach und grölen: »Grün, grün, grün sind
alle meine Kleider, grün, grün, grün ist alles, was ich hab' –
darum lieb' ich alles, was so grün ist, weil mein Vater ein Jäägeher ist!« Bei dieser Stelle angelangt, blieben sie wie angewurzelt
stehen. Auch sie hatten Mutter entdeckt und warteten nun auf
ein Donnerwetter von unten.
Auch Tuttu, gerade erst drei Jahre alt, stand auf speckigen Wakkelfüßen 15 Meter hoch oben! Der Mutter blieb das Donnerwetter erschrocken im Halse stecken. Diese Gelegenheit ausnutzend, versuchten die großen Jungen, Tuttu zu überreden, hinten
beim Heuhaufen hinunterzuspringen und ihnen, den großen
Helden, die Leiter ans Dach zu lehnen. – Und Tuttu sprang! –
Blubb, blubb machte es: Sie hatte den Heuhaufen verfehlt und
landete in der Regenwassertonne...
Zufällig hatte der Jägervater von weitem der Vorstellung zugesehen, war mit Riesensprüngen bei der Tonne und zog seine Jüngste heraus. Dankbar spuckte sie ihm das geschluckte Wasser ins
Gesicht.

Dann stellte er die Leiter ans Dach und nahm der Reihe nach die grünen Jungen mit herzlichem, derbem Handschlag auf den auch dafür geschaffenen Körperteil im Empfang. Inzwischen hatte auch Mutter ihre Fassung und somit Worte wiedergefunden...
Vier der Kinder waren Eigenproduktion, nur die Zwillinge Tim und Tom waren als EG-Schüleraustauschprodukte aus England bei ihnen gelandet, sehr zum Ärger der beiden noch gut erhaltenen Großväter. »Kinder austauschen!« Verächtlich stopften sie sich die Nasen voll Schnupftabak – damals.
Doch nun genossen sie das Schauspiel, wie der Vater in der internationalen Handsprache die englischen Pos behandelte.
Strafe Nr. 2 war: Jäten des Wildackers, der mehr wild als Acker aussah. Noch zerkratzter als sowieso schon und todmüde krochen die Kinder abends ins Bett. Die 50 Hühner und 25 Kühe schliefen schon. Die Opas spielten noch Karten und die beiden Omas stritten ein bißchen, welches Kind wohl wem mehr ähnelte. Vater war wie meistens auf der Jagd, und die Mutter, die für diese vielen Lebewesen sorgen mußte, war vor dem Fernseher eingeschlafen. So überhörte sie das Tapsen nackter Kinderfüße am Gewehrschrank, der erst nach Vaters Heimkehr wieder verschlossen wurde...
Doch der Jäger machte erst noch im Wirtshaus Halt. Sein Nachbar hatte geschossen. Was, dies wollte er nun erfahren und schluckte seinen Ärger mit einigen größeren Gläsern Bier hinunter. – Schließlich war er diesem Bock einige Wochen nachgestiegen. Es wurde wieder einmal sehr spät.
Geräuschvoll wie immer beginnt der Morgen. Erst meldet sich der Hahn, dann Klappern in den Ställen. Die Kinder könnten sich noch Zeit lassen, doch heute haben die Jungen es sonderbar eilig, mit der Begründung: Sie wollen Vater einen Hochsitz bauen, erklären sie der besorgten, nichts Gutes ahnenden Mutter. Da erscheint jedoch der Tierarzt. Eine Kuh kalbt, da ist für Kinder keine Zeit mehr, die dies als ausgesprochenes Glück empfinden.
Tim und Tom, die Kinder eines englischen Professors, waren anfangs über die bunte Kulisse ihres Urlaubs überwältigt. Keine

Bücher, kein Besserwisserblick! Ihre Lausbubeninstinkte erwachten augenblicklich, und die Bäuerin, die zuerst erschrocken den Bügelfaltenhosen mißtraute, erkannte schnell, daß dies nur verharmlosende Tarnung war. Die Kinder waren also absolut normal – fast wie die eigenen.

Hinter den Gebäuden des Jägerhofes hatten die Jungens inzwischen Aufstellung genommen. Als Söhne eines Jägers wollten sie den Engländern ihre Schießkünste vorführen. Das Luftgewehr hatten sie am Abend vorher ja schon erbeutet. Vor einem Baumstumpf, der als Kugelfang dienen sollte, hatten sie eine Zielscheibe aufgestellt. Die Möglichkeit, nicht zu treffen, wurde überhaupt nicht erwogen. So pfefferten sie eifrig drauflos ...

Tim und Tom juckte es auch schon in den Fingern, und staunend erkannten die Kinder, daß die beiden Naturtalente an Treffsicherheit waren. Nun wurde ein richtiges Match England gegen Deutschland ausgetragen.

Fürchterliches Gackern unterbricht ihr Knallen. Plumps. Ein deutsches Huhn bricht vor dem englischen Schützen zusammen. »Mensch«, stöhnt Michel, der als erster das Ausmaß ihres Tuns erkennt. Sie hatten total übersehen, daß der Hühnerstall hinter ihrem Kugelfang stand und die danebengegangene Bleikügelchen mehrere Volltreffer vor dem Hühnerstall bewirkten. Sieben tote Hühner lagen da!

Sofort wurde internationaler Kriegsrat gehalten. Die »Jungjäger« allesamt kannten ja die ausschlaggebende Handschrift ihres Jägervorbildes und erwogen erst einmal, eine Geschichte vom bösen Fuchs zu erzählen, den sie noch gesehen hatten. Doch dies würde bestimmt herauskommen, auch wenn man die tödlichen Wunden etwas veränderte. Tim und Tom waren für »fair play«. Als Männer mußten sie die Strafe nun mal in Kauf nehmen.

So trabt also ein Leichenzug in den Hof, jeder schleppt ein oder zwei Beweise ihrer Nichttreffer mit sich. Gerade kommt die Mutter aus dem Stall. Sie freut sich über das neue Kälbchen; aber – was ist denn das ...?

Der Arzt, auch Jäger, hat über Michels Schulter gleich das Luftgewehr entdeckt, er begreift sofort den Zusammenhang. Auch die Mutter kapiert.

»Lassen Sie mich mal machen«, sagt der Arzt zur Mutter, und zu den Kindern: »Wie konntet ihr nur die toten Hühner anfassen! Wißt ihr denn nicht, daß überall die Hühnerpest ist und ihr euch jetzt infiziert habt! Ein Glück, daß ich da bin und euch gleich impfen kann.«
Aus seinem Gepäck holt er eine Riesenspritze, mit der sonst nur Großvieh behandelt wird. Energisch geht er auf den dünnen Tim los. »No danke!« brüllt der höflich. Andere Worte fallen ihm nicht ein. Die anderen rennen los und lassen in der Eile die Hühner fallen. Bello, der Vorstehhund, will sich schnellstens eines schnappen, aber Mutter ist schneller. Die Hühner schafft sie in die Waschküche, nach energischem Kommandoruf werden auch die Erleger dazugesperrt, mit dem Befehl, sie vorbildlich zu rupfen und auszunehmen, oder sie würden gerupft...
Nach dem die Schützen den ersten Schreck verdaut haben, tut es ihnen erst mal sehr leid, nicht zu wissen, wie viele ein jeder von ihnen erlegt hat. Dann rupfen sie drauflos. Der Federhaufen wird recht ansehnlich; da entdeckt Tom, wie schön man »Winter« spielen kann, wenn man in den Federn herumspringt. Die Stimmung steigt sehr schnell wieder an, und in Erinnerung an das gemopste Gewehr dichten sie: »Der Vater hat's verboten – er droht schon mit den Pfoten!« Da steht Vater auch schon in der Tür. Sein neuer Befehl lautet: sich nun gegenseitig zu rupfen und den Gedanken an Essen ja nicht in sich aufkommen zu lassen. Bum! Tür zu! – Nach zwei Stunden befreit Tuttu sie endlich.
Michel hat die rettende Idee, wie sie dem Hungertod entgehen können. »Angeln gehen und die Fische mit Holzkohle braten!« Sie stürzen sich auf den Misthaufen, um Würmer zu suchen, wobei sie den traurigen Gockel verjagen – der seinen Harem sucht. Am Bach angelangt, macht Michel gleich fachmännisch Feuer, während die anderen angeln. Zwei Forellen schmoren nach kurzer Zeit an Stäbchen. Tim und Tom läuft schon das Wasser im Mund zusammen, und so übersehen sie, daß ihre Angeln nicht mehr im Wasser schwimmen, sondern mit dicken Ködern bestückt ans Ufer geschwemmt wurden. Tuttus Katze Mikesch, ist wie meistens den Kindern gefolgt, wenn es zum Angeln geht und hat so schon manchen fetten Köder ergattert.

»Schnapp – miauauau«, jault Mikesch los. Diesmal hat sie Toms Köder – leider mit Angelhaken erwischt.
Auf welche Art sie auch versuchen, den Haken zu lösen, er sitzt bombenfest, und die Kinder befällt schließlich ein richtiger Katzenjammer. »Wir haben heute aber auch mit allem Pech«, sieht Michel die Situation.
Tom fällt ein, daß vielleicht der Doktor noch da ist. Na klar! Sie sausen mit der geangelten Katze los – und haben Glück. Der Arzt begegnet ihnen auf dem Weg zur Jagd und befreit das liebe Katzenvieh. Er macht auch keinen weiteren Versuch, die Helden zu impfen. Daß sie auf diesen Impfblödsinn reingefallen sind, ärgert sie ja noch ein bißchen. Doch nun hat der Doktor wieder mächtig Kredit bei ihnen.
Mutter empfängt sie mit einem Riesenstapel dicker Wurststullen. Das wirkt belebend! Dann meint sie: »Was ist jetzt mit dem Hochsitz? Vater ist allein im Wald und ärgert sich wahrscheinlich grün, weil er so viele »Helfer« hat, vielleicht dürft ihr euch dann mit ansetzen«.
»Hurra!« Fünf junge Männer strahlen sie an; ja, wer könnte da noch böse sein . . .

Schütze Bumm

Was ist eigentlich so faszinierend am Schießen? Ich werde wohl nie dahinter kommen.
Schon den damals Dreijährigen hörte ich beim Spielen: »Bumbum, peng, krach!« Und dann flogen mir Plastikmännchen um die Ohren. Ich forschte umsonst, woher solche Mordgelüste kamen.
Inzwischen ist Schütze Bumbum zwölf Jahre alt und hat den Gipfel aller Schlauheit erreicht. Kein Vorsichtsgedanke hindert ihn an der Vollendung großer Taten, und sein Eifer, dem großen Jäger alles gleich zu tun, übertrifft seinen Schuleifer bei weitem!
Im Bogenschießen hat er den großen Jäger schon längst übertroffen, nun ist es also höchste Zeit, mit anderen Waffen sein Können zu beweisen!

Ich habe mich auf ein faules Hüttenwochenende eingestellt, bin also völlig verkehrt programmiert. Denn kaum im Walde angelangt, holt der große Jäger das Luftgewehr hervor. Bumbum bricht in lebensgefährlichen Jubel aus, was den großen Jäger veranlaßt, mit ernster Miene das arme Kind mit Vorsichtsmaßregeln zu traktieren. Wenn der wüßte, wie schlau Bumbum schon ist! Na endlich, die praktischen Übungen können beginnen, erst auf Zielscheiben. Das wird nach einem Stündchen langweilig. So werden nun Tannenzapfen von den Bäumen geschossen, dann werden die Zapfen in Reih und Glied aufgestellt und die Schüsse gezählt, bis alle umfallen. Er schafft mit elf Schüssen zehn tote Tannenzapfen!

Nun malt der große Jäger auf Pappe einen Bock, der einer Bulldogge mit zu langen Ohren ähnelt, und dann wird Blattschuß geübt. Nach kurzer Zeit ähnelt der Pappbock auch keiner Bulldogge mehr, sondern hat die sonderbare Entwicklung zu einem Fliegengitter durchlebt.

Gegen Mittag kommen noch zwei große Jäger an, mit Frauen und noch einem zehnjährigen Jungjäger. Jetzt geht es erst richtig los! Bumbum zeigt dem Freund die vielfältigen Möglichkeiten beim Umgang mit dem Luftgewehr, so daß Bum Nr. 2 einen feuerroten Bumskopf kriegt.

Die großen Jäger raten uns »nichtsnutzigen« Frauen, doch einen ausgedehnten Schönheitsschlaf zu halten, während sie losziehen, um wichtige Hegepflichten zu erfüllen. Damit wir uns auch so richtig erholen, lassen sie uns das Luftgewehr mit zwei fanatischen Jungschützen da.

Klick – klick – klick. Die lieben Kinder schießen uns in den Schlaf, bis es plötzlich klirr – klirr macht. Wir schießen in die Höhe. »Was ist denn das?« schreie ich. »Da war eine Maus«. Ich sehe nur eine zerbrochene Fensterscheibe. Beim Wegräumen der Scherben wirken sie weniger begeistert.

Tage später sind wir mit der gleichen Besatzung wieder am Tatort. Die großen Jäger sind natürlich wieder mit nützlichen Dingen beschäftigt, während wir Frauen vollauf mit Kaffeetrinken ausgelastet sind. Natürlich mit Klick – klick – Geräusch im Nakken. An was man sich so alles gewöhnt!

Erstaunlich viel Durst haben unser Jungschützen heute, doch begnügen sie sich sogar mit Wasser! Schon die fünfte Flasche füllen sie sich ab. »Ihr kriegt ja Flöhe im Bauch« warne ich, doch die beiden sind schon wieder verschwunden.

Auch die größte Kaffekanne ist irgendwann einmal ausgetrunken. Nun wollen wir doch mal sehen, wie schön die Kinder Zielübungen machen. Was ich sehe, läßt mich erst mal starr vor Schreck werden. Meine Kaffeetrinkgenossin überspringt dieses Stadium, packt ihren Sprößling gleich am Kragen, und schon knallt es, so daß er vor Schreck das brennende Streichholz fallen läßt. Es war nicht das erste, denn der ganze Boden rundherum sieht schon reichlich angekohlt aus!
Die lieben Kinder steckten Streichhölzer in den Boden und versuchten die Flammen auszuschießen. Als wir sie störten, wollte der eine Held die Flamme halten, und der andere Held wollte sie ihm aus der Hand schießen! Wenn es buchstäblich mal zu brenzlig wurde, konnten sie auch noch mit der Wasserflasche Feuerwehr spielen. Na, wenn das kein spannendes Spielchen ist!
Tage später ist das Gewehr endlich kaputt. »Kannst du das nicht

reparieren?« fragt Kleinbumbum den großen Bumbum. »Mal sehen, gib mir mal eine Kugel«. »Hab keine mehr« piepst es zurück. Das bedeutet: 2000 Schuß Luftgewehrkugeln habe ich überlebt.
Der Jäger schraubt den Klick-klick-Apparat auseinander, da fallen ihm kleingehackte Stückchen Kupferdraht entgegen. Aha! Mangels Munition hatte unser Patronengroßverbraucher gleich selbst mit der Produktion begonnen, was ihm das Luftgewehr sehr übel nahm.
Das Gewehr war also klüger als alle meine Jäger zusammen und gab seinen Geist auf. Wider alle Vernunft erhoffe ich mir immer noch ein etwas längeres Leben als unser Luftgewehr – trotz aller Schießwut um mich herum.

Die Fütterermannschaft

Es gehört zu den weniger schönen Überraschungen des Daseins, wenn ein Knochen der so wichtigen Gehwerkzeuge sich in mehrere Teile zerlegt und eine Gipsumhüllung viele Wochen lang, dem Fuß behilflich sein muß, um ihm die ursprüngliche Form und Brauchbarkeit wiederzugeben.
Meinem Jäger ging es so. Eigentlich war ja nur sein Fuß lädiert, doch auch seine Miene wirkte total gebrochen, denn: wer füttert das Wild?
Helfer für den Bockabschuß sind leichter zu finden. Bei hohem Schnee eine lebensgefährliche Fahrt zu unternehmen, nur um das Futter rauszuschaffen? – Wir bemühten uns, Verständnis für alle Ausreden aufzubringen.
Doch vor Kummer, was nun geschehen soll, tritt auch der Jäger fast in den Hungerstreik. So biete ich mich an, diese Aufgabe ganz zu übernehmen. Bisher war ich nur für zwei Fütterungen zuständig. Doch mein Jäger betrachtet nur abfällig meine unterentwickelten Bizeps und entscheidet: »Unmöglich.« So unternehme ich wenigstens die Anstrengung nachzudenken und starre hilfesuchend aus dem Fenster. Da laufen Sonja und Peter, die Nachkömmlinge unserer Nachbarn herum, 15 und 16 Jahre

alt, die vor Kraft und Übermut kaum wissen, was sie als nächstes anstellen sollen. Ich sause raus und frage sie, ob sie mir helfen wollen, das Wild zu füttern. »Au prima!« Sie sind sogar hellauf begeistert. Selbst die Warnung, daß man schmutzig wird und es schwer ist, schreckt sie nicht ab. Im Gegenteil!
Das Wildmenü besteht aus Mais-Apfeltresersilage und wird mit Getreidebruch gemischt. Bisher wurden mir immer die fertigen Futtersäcke auf den Schlitten gehievt, die ich als braves Zugpferd dann nur noch zum Wildfreßnapf zu ziehen brauchte. Nun muß ich selbst abmischen und werde genau aufgeklärt, aus wievielen Schäufelchen von diesem und jenem der Futtercocktail bereitet wird.
Der Bauer, bei dem die guten Sachen gelagert sind, erwartet uns schon. Hat doch der Jäger ihn angerufen, weil er uns für zu... hält, es richtig zu machen! So hilft uns der Bauer abmischen und die Säcke füllen. Auch nicht schlecht. Dann lädt er uns noch mit dem Bulldog an den verschiedenen Kreuzungen die Säcke ab, so daß wir »nur noch« hinfahren müssen, unsere Schlitten aus dem Auto holen und die Säcke an ihren Bestimmungsort ziehen. Leicht gesagt. Der Schnee ist hoch, und die Schlitten sinken unter ihrer Last tief ein. Dazu kommt, daß einige Fütterungen in Berghängen liegen, da können wir den Schlitten gleich vergessen. Aber wir haben ja Peter! Er wird unser auserkorener Packesel, während Sonja und ich unsere Last ziehend und schiebend uns durch den Schnee wühlen. Die beiden wundern sich: »Daß man im Winter so schwitzen kann!«
Die leeren Säcke eignen sich dann bestens als Schlitten, wenn man die Steilhänge wieder herunterrutscht. Zwischendurch bremst zwar ein zackiger Fels den flotten Rutsch, weshalb die Kopf-voran-Bauchlage sich als zu gefährlich erweist. So setzt man sich eben auf den besser stoßdämpfenden Körperteil. Da fällt eine Beule nicht weiter auf. Trotz aller Mühen wird es so eine recht fröhliche Fütterei. Aber nicht nur dies. Verschüttete Jagdinstinkte werden wach. Wie viele verschiedene Spuren und Fährten sie entdecken! Peter nimmt sich ein Jagdbuch mit nach Hause, damit er das nächste Mal genau weiß, was bei uns so alles herumläuft. Auch Sonja studiert eifrig, wohl aber mehr aus dem

Beweggrund, immer alles besser wissen zu wollen als ihr Brüderchen. Auf jeden Fall werden beide perfekte Fährtenleser.

Am nächsten Fütterungstag steht Peter mit noch einem Helfer da und erklärt: »Wir Männer machen die Steilhänge und ihr Frauen die Fütterungen, die mit dem Schlitten zu erreichen sind – wenn's recht ist.« Es ist nur, daß Sonja bei dem Ausdruck »Männer« einen Glucks-Kicheranfall kriegt.

Sechs Wochen hindurch sind sie alle pünktlich zur Stelle! Sie freuen sich sogar darauf. Als der Jäger meint, er könne wieder humpeln, ist das Entsetzen groß. So wird ihm von den Fütterern weitere Schonung seiner Knochen verordnet, da diese Tage sich als ganz neuartige Abwechslung in dem gestreßten Schülerdasein erwiesen.

Wenn dann die Tiere ihre Mahlzeit haben, ist es Zeit für die ›Fütterer-Fütterung‹. Die frische Luft macht hungrig – und wie! Dabei darf uns der humpelnde Jäger auch wieder Gesellschaft leisten. Von vier Seiten wird ihm dann erzählt, wie anstrengend, aufregend, schön und was sonst noch alles es war, bis seine Ohren genau so glühen wie die der Fütterermannschaft. Daß Wild füttern so abwechslungsreich und interessant ist, ist ihm in den letzten zwanzig Jahren noch nie aufgefallen.

Endlich Jägerin

Warum Jägerin?

Normalerweise ist man zum Jäger geboren – oder nicht. Der kleine Unterschied zwischen diesen beiden Sorten Menschen ist, daß in der Jägerwiege ein Stückchen Passion herumlag. Das stecken die Kinder in den Mund, schlucken es runter, und so fängt es an, sich im Menschen zu entwickeln. Zum Ausbruch kommt es allerdings erst, wenn so ein Mensch wie ein Erwachsener aussieht.

Ich sagte normalerweise, aber was ist heute schon normal! Ich zum Beispiel nicht, denn in meiner Wiege befand sich nichts dergleichen, obwohl ich gründlich danach suchte.

Mir begegnete so ein Stückchen Passion erst, als ich schon ausgewachsen war, in Form eines ebenfalls ausgewachsenen Mannes, der schon alle Jagd-Passions-Spielarten voll ausgebrütet hatte. Seine eingepflanzten Jagdtriebe standen in vollster Blüte und schlugen täglich aus. Wie das geht? Ganz einfach. Ja, und weil es so einfach ist, habe sogar ich es kapiert.

Also: Morgens erzählte er mir von der Jagd, mittags gab es etwas Erjagtes, und abends ging er zur Jagd. Und ich – hörte morgens natürlich andächtig zu, schluckte es mittags runter, und abends ging ich schauen, was er auf der Jagd so macht.

Nachdem das über zehn Jahre so ging, merkte ich, daß auch ich schon einen dicken Brocken Jagdpassion geschluckt hatte. Woran ich das merkte? – Nun, morgens erzählte ich von der Jagd, mittags kochte ich etwas Erjagtes, und abends ging ich zur Jagd. Schlimm wurde es, wenn irgend jemand oder irgend etwas mich daran hindern wollte. Ich stellte fest: Es gibt nichts Schöneres, Wichtigeres oder gar Interessanteres.

Was nun? Passion wieder ablegen? Im Laufe der Jahre hat man alles schon bestens verdaut. Nur, da könnte ja jeder kommen und behaupten, er sei ein passionierter Jäger! Den Beweis dafür liefert erst das grüne Papier mit Stempel – genannt Jagdschein.

Die Oberjäger, die den Stempel verteilen, denken aber, Passion steckt im Kopf! Ich weiß zwar auch nicht genau, wo die Passion bei mir hingerutscht ist, ich weiß nur, daß sie mich wie ein Kompaß immer nur an einer Seite ausschlagen läßt, und das ist bei Wald, Wild und allem, was mit Natur zusammenhängt. Also mehr ein Gefühl, und wer kann schon behaupten, er hätte seine Gefühle völlig im Griff, oder weiß, wo sie herkommen, und noch viel seltener sind sie im Einklang mit dem, was der Kopf sagt. Zum Beispiel sagt mir mein Kopf: Los, dein Haushalt ist renovierungsbedürftig. Das Gefühl sagt: Draußen ist es jetzt schön, wer weiß, wann wieder so ein herrlicher Tag kommt.

Ich gebe meinem Gefühl immer recht, zum Entsetzen meines Kopfes, und habe auf diese Weise wahrscheinlich die schönsten Stunden meines Lebens genossen.

Oberjägern, die die Stempel verteilen, braucht man nichts von seinen Gefühlen zu erzählen, und von Passion wollen sie erst recht nichs wissen.
Sie fragen zum Beispiel nach Gesetzen! Da hat man nur noch ein Gefühl – nämlich Angst. Ja und leider gibt es mehr Gesetze als Tiere im Wald.
Aber vor Gewehren haben auch die Oberjäger Angst. Man muß ihnen zwar sagen, was vorn und hinten ist, das vordere Ende darf man ihnen aber nicht unter die Nase halten, sonst geben sie einem vor Angst den Jägerstempel nicht.
Ich habe ihn dann glücklich doch bekommen, und mein Jägermann, der immer behauptete: »Frauen werden nie richtige Jäger«, ist nun mindestens so froh darüber wie ich selber. Aber schließlich hat er mich jahrelang mit den dicksten Jagdpassionsbrocken gefüttert, und er soll froh sein, daß ich es verdaut habe und nicht daran erstickte!

Schießen will gelernt sein!

Seit zehn Jahren sitze ich als Nichtjägerin so völlig nutzlos auf Hochsitzen herum. Das Wild hat sich schon längst von meiner absoluten Harmlosigkeit überzeugt, denn die ältesten Böcke äsen stundenlang vor meinem Sitz, und den Füchsen schaue ich beim Mäusefang zu.
Doch verrate ich meinem Jäger, was ich alles sah, und er setzt sich dann auch dort an – läßt sich kein Lebewesen mehr blicken. Allmählich werde ich unglaubwürdig. Das muß anders werden. Also trage ich mich mit dem Gedanken, den Jagdschein zu erkämpfen. – Tja, und um zu jagen, muß man schießen können!
Kleinigkeit, denke ich. Das Fernsehen bietet ja täglich praktische Übungen. Erst knallt's, und dann fällt was um.
Wir begeben uns zu einem Schießstand. Mein Jäger macht sich furchtbar wichtig: was ich alles machen soll – und noch viel mehr, was ich nicht machen soll! Alberne Aufregung, bloß weil ein Weib ein Gewehr in die Hand bekommt. Es wird auf Wildscheiben geschossen. Bock, Sau und Fuchs sind mit großen Rin-

gen verziert: Mein Jäger macht ein paar Schüsse, die sich genau auf dem »Blatt« befinden. Er ist mächtig stolz. Dann bin ich dran.
Man drückt mir die Büchse und Kugelpatrone in die Hand – und alle schauen mich erwartungsvoll an. Huch! Siedendheiß läuft es mir den Nacken runter – das Ding kann ja gefährlich werden – und wo soll ich die Patrone reinstopfen? Und schwer ist das Ding auch noch. Wieso sind meine Finger plötzlich klitschnaß? Man schiebt mich zu einem Schießtisch und ich darf mich endlich setzen. Mein Jäger klappt mit einem Griff die Büchse auf, schielt mich milde strafend an, und ich zittere die Patrone in den Lauf. Jetzt wird es ernst. Ich erinnere mich, daß es so etwas wie einen Rückstoß gibt, und am liebsten würde ich dies seltsame Werkzeug auf der Stelle loslassen. Ach was, ich bin doch kein Angsthase! Also, erst mal durchs Zielfernrohr blinzeln. – Irgend etwas stimmt da nicht, einmal ist es ganz dunkel, dann sehe ich wieder durch einen Halbmond, und wenn es dann endlich hell wird, rutscht mir der Schaft davon. Dann geht das Suchspiel von vorne los. Endlich! Da ist das Pappreh! Ich wackele in den Ring. Eine Stimme im Hintergrund sagt: »Einstechen.« Jetzt ist das Pappreh wieder weg, diesmal finde ich es schneller. Ich drücke ab, geht nicht.
»Entsichern«, stöhnt eine Hintergrundstimme.
Auch das noch! Wieder suche ich das beringte Reh. – Ohne zu atmen, würde ich es auch viel schneller finden, doch kaum hole ich bei der Aufregung Luft, »läuft« das Reh wieder davon. Aber jetzt. Peng! Ich bleibe erschrocken sitzen. Jemand nimmt mir sicherheitshalber die Büchse weg, doch dann großes Staunen. – Ich habe in den Zehnerring getroffen! Ich halte das für einen glücklichen Zufall, die anderen bestimmt auch.
So wiederhole ich das Spiel, und siehe da, ich lande lauter Ia-Treffer. Allmählich steche ich sogar von allein ein und finde den Knopf zum Entsichern schneller. Niemand geht mehr in Deckung, wenn ich lade, nur die richtige Atemtechnik beim Abziehen kann ich mir nicht angewöhnen, und das Händezittern artet zum Geburtsfehler aus. Jedenfalls verlasse ich als Held die Stätte meines großen Schreckens.

Am nächsten Sonntag steht Tontaubenschießen auf dem Programm. Im Selbstbewußtsein, ein Naturtalent an Treffsicherheit zu sein, treffe ich am Schießplatz ein. Hier nimmt mich sogar ein Schießleiter in Empfang und hilft mir, den automatisch gesteuerten Schießstand zum Stehen zu bringen, da man mich beim ersten Versuch nicht auch noch mit Lämpchengefunkel belästigen will. Der Schießwart traut sich mit mir zusammen auf den Stand, erklärt, wo die Tontauben herauskommen und noch einiges mehr. Doch kaum bekomme ich die Flinte in die Hand, macht sich mein Händezittern wieder bemerkbar. Ich soll, wenn ich fertig bin, »Los« brüllen. Will ich ja auch – aber meine Stimme ist plötzlich weg. Ich nicke dem Schießwart zu. Er hat noch eine schöne laute Stimme und ruft »Los«.
Aus dem Versteck flutscht die Taube raus, ich drücke ab – und falle fast um. Alle guten Ratschläge umsonst. Also weiter geht's. – Die Tontäubchen gleiten nach rechts, dann nach links oder geradeaus, ohne sich im geringsten um mein Gefuchtel mit der Flinte zu kümmern. Der Flintenschaft behandelt mich recht rüde. Einmal bekomme ich einen Kinnhaken, dann einen Ritterschlag an die Schulter, und mein Finger wird auch irgendwie verbogen. Voll Mitleid werde ich von allen Seiten mit guten Ratschlägen behandelt. Doch von Schlägen, egal welcher Art, habe ich heute genug. Nach zehn Versuchen bin ich völlig k.o. und kann kaum noch die Flinte halten. Sämtliche Knochen tun mir noch eine Woche weh. Selbst als sich meine Stimme wieder einstellt, bin ich sprachlos – ob meiner Unfähigkeit.
Zur Beruhigung setzt mich mein Jäger abends auf einen Hochsitz, doch mich hat endgültig die Schießwut gepackt, ich peile mit dem Zeigefinger einen Baumstumpf an und stelle mir einen Bock vor. Wenn der jetzt aber plötzlich abspringt oder ich beim Abdrücken verrutsche? Meine Phantasie fängt an, Rad zu schlagen, bis mein Jagdschoßhunddackel anfängt, mir zur Beruhigung die Nasenspitze zu lecken.
Vom nächsten Reviergang kommt mein Jäger mit einer Abordnung Cola-Dosen zurück, die liebe Naturfreunde uns im Revier zu Erinnerung hinterließen. Sie werden paradeähnlich in Reih und Glied aufgestellt und ich davor, mit Flinte. Und siehe da, die

Dinger fallen um, nicht etwa vor Schreck, diesmal klappt's auch bei mir wie im Fernsehen. Es knallt, und die Dosen fallen um. Ja, es fängt allmählich an, richtig Spaß zu machen! Ich hoffe nur, daß dieser mühsam erzitterte Spaß nicht von gestrengen Prüfern mir Möchtegern-Jägerin verdorben wird.

Unternehmen Jagdschein

Es war an einem wunderschönen, sonnigen, winterklaren Faschingsdienstag. Alle Leute verkleideten sich. Ich mich auch, und zwar als Jäger. Nicht um feiern zu gehen, sondern um diesen schönen Tag im Wald zu genießen.

Die Waldbewohner hatten ihre Fährten in den Schnee gestempelt, und ich rätselte herum, wer hier und dort sein Autogramm so deutlich hinterlassen hatte. Mein Jäger (er hatte sich nicht extra verkleiden müssen, der schaut immer so aus) testete meine Spurensicherheit mit überlegener Miene. Da hörte ich mich laut sagen: »Ich werde die Jagdprüfung machen«. Mein Jäger schaute mir tief ins Auge, wie schon lange nicht und sagte: »Das wär' ja toll!« Hatte ich recht gehört? Er, der jagende Frauen für so überflüssig hielt wie ein Maskottchen beim Beschwören von Finanzbeamten, fand es plötzlich toll? Es sollte ihn teuer zu steh'n kommen!

Der Entschluß nützt natürlich noch gar nichts und schon gar nicht im Februar. Solche Entschlüsse hat man im Herbst zu fassen, denn da beginnt der Jagdkurs.

Mein Jäger kannte alle Jagdkursleiter und telefonierte fleißig herum. Sie drückten gutmütig über ihren Bestimmungen beide Augen zu und freuten sich, noch ein Opfer gefunden zu haben, um es in ihrem Kreise wißbegieriger Jägerlehrlinge aufzunehmen. Da saß ich nun wie ein verlaufenes Schaf als einziges weibliches Wesen in dieser Männerhorde.

Bewährte, eifrige Jäger des Landkreises betätigten sich als Kursleiter. Nur, um einen Kurs zu leiten, genügt es manchmal nicht, bewährt und eifrig zu sein. Denn zu später Abendstunde ist es nicht so leicht, gegen Ermüdungserscheinungen anzukämpfen,

die ein so langer Arbeitstag im Existenzgerangel hinterlassen hat.
So erscheint an meinem ersten Kursabend ein mürrischer Leiter.
Würdigt uns kaum eines Blickes, setzt sich hin und fängt an, aus einem Buch vorzulesen, das wir alle besitzen, und dies nicht einmal fließend. Dazu krault er ununterbrochen seinen Bart.
Zweiter Kursabend. Ein anderer Leiter. Ebenfalls mit wallendem Rauschebart. Er hat gar kein Buch mit. Er funkelt uns mit blitzenden Augen an. Stellt Fragen, die er selber beantwortet, und wird dabei von seiner eigenen Begeisterung fortgespült. Wir Lehrlinge sitzen fasziniert da und begreifen, daß wir wirklich noch Lehrlinge sind. Zwei Stunden sind wie im Fluge vorbei, und eine Stunde wird noch angehängt. Auch dann noch zeigt niemand müde Stellen. Diese interessanten Stunden entschädigen für die vielen weniger genußreichen.
Dritter Kursabend. Dritter Kursleiter. Ein blonder Recke erscheint. Daß er im Privatleben ein forscher Soldat ist, sieht man sogleich, obwohl er natürlich in grüner Jägertracht erscheint. Er marschiert der Reihe nach von Jägerlehrling zu Jägerlehrling und stellt Fragen. Dieses Frage- und Antwortspiel ist eigentlich die beste Lehrmethode, aber er schnarrt die Fragen so scharf heraus, daß alle ängstlich die Köpfe einziehen und plötzlich wie Deliquenten aussehen – und er behandelt uns auch so. Kommt eine Antwort nicht wie aus der Pistole geschossen, ertönt die Drohung: »Sie werden schon sehen, was der Prüfer mit ihnen macht«! Früher oder später haben wir alle das Gefühl, uns nicht notwendige Jagdkenntnisse anzueignen, sondern vom Scharfrichter verurteilt zu werden. Dieses ewige Drohen ist auch das, was bei mir am nachhaltigsten hängen bleibt.
Aber es genügt ja noch lange nicht, einen Kurs zu besuchen. Ein Praktikum in einem Lehrrevier gehört auch dazu. Leider ist unser Revier zu Hause kein Lehrrevier, obwohl mein Jäger mich seit Jahren als Praktikant benutzt. So beim Wildfüttern, beim Anlegen von Pirschwegen und als Gehilfe beim Hochsitzbau.
Nun mußte ich weite Fahrten zu einem richtigen Lehrrevier unternehmen. Dort wurde an Wanderwegen Müll gesammelt. Sehr vernünftig. Nur für sechzig Lehrlinge gab's nicht genug Müll. Hochsitze und Fütterungen hatten unsere Vorgänger gebastelt.

Wie beschäftigt man also sechzig »Mann«? So werden wir zum Schießplatz beordert, um Rasen zu mähen, Patronenhülsen zu sammeln oder Tontäubchen, die sich eigenwillig dem Schützen entzogen hatten, aufzusammeln. Ich grübelte: Was hatte das mit Jagdpraktikum zu tun, daß sich die 50 km Anfahrt gelohnt hätten? Ein Mitlehrling, ein Landwirt mit über einhundert Stück Vieh, klagte, daß seine rheumakranke Mutter für ihn den Stalldienst übernehmen muß, nur damit er seine Praktikumsstunden hier abtrödelte. Er sah auch ganz so aus, daß es kaum etwas »Praktisches« geben könnte, was man ihm noch hätte beibringen müssen.

So zwischen Kurs und Praktikum gab's noch ein paar von Jagdpflichten freie Stunden. Nicht lange. Der Berg von Lehrmaterial wuchs zusehends, und ich wühlte mich hinein. Gesetze gibt es mehr als gesunde Bäume im Wald, und was man mit lieben Jagdhunden so alles machen soll und welch' interessanten Bezeichnungen man dafür hatte! Um mal einen echten Wildacker anzulegen, braucht man ein dickes Landwirtschafts-Semester. Auch Wildkrankheiten muß man selbstverständlich diagnostizieren können, usw.

Aber das Wichtigste fehlt ja noch, nämlich das Schießen! Nun schlug für mich die Stunde der Wahrheit, auf was ich mich da eingelassen hatte. Das Kugelschießen war ja zu erlernen, nachdem ich meine Angst, ein Gewehr in die Hand zu nehmen, einigermaßen überwunden hatte. Aber die Tontauben! Das Fiasko am Schießplatz habe ich schon an anderer Stelle beschrieben, aber nicht alles. Nach mehreren erfolglosen Versuchen auf dem Schießplatz griff mein Jäger zur Tat. Er bemächtigt sich einer Tontaubenschleuder, hängte bei der Jagdhütte die Klotür aus, verschanzte sich dahinter und das Spiel beginnt. Ich brülle: »Los«, und er schleudert los. Aber wir konnten uns das ganze Gebrüll und Geschleudere auch sparen, ich treffe kaum etwas. Nun fängt auch mein Jäger an zu verzweifeln. Wir haben beide schon ganz schön abgenommen, da es in der Mittagszeit ja nur fliegende Tontäubchen gibt anstelle einer Kräfte liefernden Mahlzeit.

Aber er gibt nicht auf. Ich werde in's Auto gepackt, und los geht es zu einem Schießlehrer. Der mißt meine Armlänge, gibt mir eine Bockdoppelflinte mit dickerem 12er Kaliber, bisher versuchte ich mit einer 16er Zwillingsflinte zu treffen, und siehe da, ich treffe! Vor Begeisterung kauft mein Jäger ihm die Flinte gleich ab.

Nun geht das Geknalle erst recht los, denn ich muß auch noch lernen, den »laufenden Hasen« zu treffen. Unser Privatschießplatz wird erweitert. Mein Jäger sägt ein altes Fahrrad in der Mitte auseinander und stellt die Fahrradtorsos 6 m entfernt voneinander auf, verbindet die Räder mit Draht und schneidet aus Pappe ein Dutzend Hasen aus, hängt sie an den Draht, verschanzt sich wieder hinter der Klotür, und das Spiel beginnt von vorne. Ich brülle: »Los«, und er tritt in die Pedale, und der Papphase gleitet vorbei und wird von mir tatsächlich abgeknallt. Sind alle Hasen getroffen, kleben wir die Löchlein zu.

Allmählich begreift auch unser Dackel, daß Frauchen die Jagdprüfung macht. Er ist gewohnt, daß, wenn es knallt, irgendwo etwas zu finden ist. Nun knallt es andauernd, aber ohne erschnüffelbaren Erfolg. So schließt er sich der allgemeinen Entnervung an und nervt uns zusätzlich mit maulendem Gekläffe.

So vergeht ein anstrengendes Jagdlehrlingsjahr, und das gräßliche Wort »Prüfung« ist eines Morgens Wirklichkeit. Irgendwie kullern in der Magengegend plötzlich Gefühle herum, obwohl Romantiker (die bestätigten Fachleute des Gefühlslebens) behaupten, allein das Herz sei der »Sitz« von Gefühlen. Sitzen Gefühle? Jetzt, wo sie sich bei mir so deutlich bemerkbar machen, leider nicht in entspannter Sitzhaltung. Ich erfahre 100%ig, daß Gefühle bei mir nicht im Herzen, sondern in zittrigen Händen und Beinen rumhüpfen und meinen sonst so gesunden Schlafnerv durchsägen.

Und dieser Folter unterwirft man sich auch noch freiwillig und zahlt viel Geld dafür! So ein Prüfer prüft ja bestimmt nicht zu seinem Vergnügen die armen Zitterlinge, die vor ihm sitzen. Aber er darf sich dafür rächen, daß auch er von anderen Prüfern geprüft wurde, ob er in der Lage ist, etwaiges Wissen aus angstgeplagten Prüflingen herauszukitzeln.

Um acht Uhr morgens mußten wir in einer 50 km entfernten

Stadt zur schriftlichen Befragung erscheinen. Damit ich mich besser entspannen konnte, hatten sich die Straßen in einen Spiegel verwandelt, und dicker Nebel verschleierte jegliche Sicht. Mein Jäger ließ alles liegen und stehen, um mich hinzurutschen. Er befürchtete ernstlich, ich würde vorziehen, am nächsten Baum dem ganzen Gezittere ein Ende zu machen.
Prüfungsort war ein Theatersaal. Jedem Prüfling stand ein 2,5 m breiter Tisch zur Verfügung. Auf der Bühne saßen fünf scharfäugige Jagdprüflingsbegutachter, aber auch der Landrat sowie Bürgermeister jenes Kreises! Zwischen den Tischen liefen drei Aufseher wie Jagdhunde hin und her, um uns bei – ja bei was denn eigentlich(?) – zu ertappen.
Während ich den Fragebogen ausfülle, wird mir plötzlich mein Kugelschreiber aus der Hand gerissen, daß sich ein schwarzer Strich über die ganze Hand zieht! Ich benutze dummerweise einen Reklamestift mit Kalender, und der ›Aufpasserjagdhund‹, vermutete wohl das gesamte Jagdwissen auf diesen Lettern.
Anstelle einer Entschuldigung sagt er: »Ach so!«
Sollte jemand in der Aufregung ein menschliches Rühren verspüren, wird er von einem Aufpasser begleitet. Ich bin mal wieder das einzige Weib im Saal und überlege: wie weit würde er wohl mit mir gehen? – Ich hab's dann lieber nicht ausprobiert.
Die erste Hürde ist genommen, und nun heißt es einige Wochen warten, ob bestanden oder nicht. Ich habe es geschafft und werde somit zur mündlichen Prüfung vorgeladen.
Hier sitzt je ein Prüfer an einem Tisch, und je zwei Möchtegernjäger dürfen von Tisch zu Tisch gehen zur hochnotpeinlichen Befragung.
(Warum fallen mir plötzlich nur noch inquisitorische Begriffe ein?) Jagdlehrer Nr. 3 hatte mir gründlich jegliches Selbstvertrauen ausgeredet, das merkte ich, als ich beim Gesetzesprüfer landete. Er sah auch wie ein Paragraph aus. Er fragte mich, auf welchen Flächen die Jagd nicht ausgeübt werden darf, und ich vergaß die Autobahn zu erwähnen. Rums bekam ich eine 4.
Beim Fach ›Wildtierkunde‹ sagte der Prüfer: »Warum so ängstlich, sie wissen doch alles.« Was auch stimmte und gibt mir eine 4. Ich werde es nie fassen!

Bei Waffenkunde wurde mir nur eine einzige Frage gestellt!
Nämlich: »Was ist ein Adapter?« Ich sagte: »Eine Reduzierhülse.« Was ist daran falsch? Auf jeden Fall gab er mir eine 4.
Schon zwei Vierer hätten genügt, mich durchfallen zu lassen.
Im ersten Moment hatte ich ein gutes Gefühl – da sieht man mal wieder, wie Gefühle täuschen können. Ich konnte es kaum glauben, aber ich war durchgefallen. Noch heute nach vielen Jahren kann ich es nicht fassen. Ich bin einsichtsvoll genug, Fehler einzugestehen, aber es stimmte einfach nicht. Aber was half's!
Später hörte ich, daß mehrere Leidensgefährten Einspruch erhoben und Recht bekamen. Über 40% waren durchgefallen!
Ich fühlte mich wie nach einer schweren Krankheit. Im nächsten Jahr das Spiel wiederholen? Nie! Ich wollte das Wort Jagd nie wieder hören. Aber mein Jäger ließ nicht locker und interviewte einen hiesigen Jäger, von dem er wußte, daß er hier durchgefallen war und nun doch einen Jagdschein besaß.
Dieser hilfsbereite Mann wurde gleich sehr aktiv. Er telefonierte fleißig mit einem fernen Bundesland und vermittelte mir erst mal einen neuen Wohnsitz. Es ist fast überall eine Prüfungsklausel, daß man seinen 1. Wohnsitz in dem Bundesland haben muß, indem man sich der Mühsal der Prüfung unterwirft. Nichts leichter als das. Ich wurde Untermieter eines dortigen Jägers und habe meinen Wohnsitz nie betreten.
Ich war dort nicht der einzige Jagdlehrlingsuntermieter. Ein Leidensgefährte namens »Sepp« sollte sich mir anschließen oder umgekehrt.
Da wir uns nicht kannten, und um Benzin zu sparen oder uns gegenseitig moralisch zu stützen, wollten wir die erste Fahrt ins neue Heimatland gemeinsam unternehmen. So verabredeten wir uns an einer Autobahneinfahrt. Erkennungszeichen: Jagdhut.
Allmählich artete mein Jagdscheinerwerb zu einer Farce aus.
Vielleicht ist diese geistige Verbohrtheit auch der Grund, warum man mit »Jagdschein« noch ein ganz anderes Papier bezeichnet.
Sepp war ein fröhlicher junger Mann, und die Fahrt war wie im Flug überstanden, indem wir zwei ›Jagdprüfungsflüchtlinge‹ uns gegenseitig unser Leid klagten.
Unser neu auserkorenes Heimatland erkannte glücklicherweise

unseren Jagdkurs an. Aber wer hatte nur behauptet, es sei leichter? Hier mußte man regelmäßig zum Übungsschießen antreten. Das bedeutete viele Wochenenden eine 400 km weite Fahrt. Aber angeblich wollten wir es so. Die Schießprüfung war auf jeden Fall schwerer und sah so aus:
Tontauben: von 15 Tauben müssen 5 getroffen werden. Rehbockscheibe: 3 Schuß stehend angestrichen. Überläufer: 2 Schuß sitzend angelegt. Fuchs: 2 Schuß liegend freihändig. Keiler: 3 Schuß stehend freihändig. Zu allem Überfluß auch noch 5 Schuß mit Pistole, 3 davon mußten Treffer sein.
Ich hatte noch nie mit Pistole geschossen und wundere mich bis heute, wenn ich die Bildzeitung lese, wie eifersüchtige Frauen es schaffen, untreue Geliebte schon beim ersten Versuch zu treffen. Vor mir ist jeder sicher, und meine einzigen Treffer erzielte ich tatsächlich bei der Prüfung! Es gibt also noch Wunder. Auch frei stehend auf den laufenden Keiler durch das Zielfernrohr zu treffen, hatte ich noch nie probiert und es schien mir unmöglich, daß so etwas funktioniert. Doch siehe da, es war das einzige, was ich von Anfang an konnte! Daß es überhaupt etwas gab, was ich sofort konnte, beeindruckte mich selbst.
Aber es gab auch angenehme Überraschungen, und dies war die Atmosphäre der Jägerkreise dort. Wir Bayern wurden mit großem »Hallo« am ersten Morgen auf dem Schießplatz empfangen. Wir guckten erstaunt. Waren wir überhaupt richtig hier? Es fehlten die streng prüfenden Blicke, und wir Jägerlehrlinge wurden nicht wie voraussichtliche Konkurrenten im Jagdpachtkarussell behandelt. Ein normaler Übungstag sah so aus: Jeder brachte etwas zu essen oder zu trinken mit. Wir hatten glücklicherweise einen Metzger und einen Weinbergbesitzer in dem Lehrgang. Die Frauen der Jäger brachten Kaffee und Kuchen. Man saß in lockerer, fröhlicher Umgebung zusammen, und dann wurde auch geschossen, und die Ergebnisse waren entsprechend gut. Niemand war verkrampft, und sogar mir fing das Tontaubenschießen an, Spaß zu machen.
Der Schießplatz war ein Steinbruch, also keine gepflegte Schießanlage, die Jägerlehrlinge mit Rasenmähen auslastete. Die notwendigen Arbeiten wurden im Nu so nebenbei erledigt, von al-

len gemeinsam. Später gesellte sich noch ein dritter Bayernflüchtling dazu.
Die Fahrerei war lästig, aber ich habe so viele nette Bekannte dort getroffen, daß mir heute dieser Umweg nicht mehr leid tut.
So wurde die Jagdlektüre ein zweites Jahr mein einziger Lesestoff, und der Gesprächsstoff drehte sich ebenfalls nur um dies Gebiet. Das kann man tatsächlich durchhalten.
In dieser Zeit besuchte uns ein Jagdfreund aus Schwaben. Er kam gerade von einem Jagdaufseher-Lehrgang, der in einer vom dortigen Jagdverband unterhaltenen Schule durchgeführt wird, und berichtete, daß dort auch Intensivkurse zur Vorbereitung der Jägerprüfung abgehalten werden. Offensichtlich war er der Meinung, ich hätte mich noch nicht intensiv genug mit dem Thema befaßt. Er rief dort gleich an, ob noch ein Platz frei sei, und schon war ich angemeldet.
So suchte ich eines Tages nach vielen Baustellenirrwegen in und um Ulm herum zur Abwechslung den Weg über die Schwäbische Alb. Im strömenden Regen und tiefster Dunkelheit finde ich endlich meine Unterkunft bei einem Bauern. Hocke in einem trostlosen Zimmer in eben solcher Stimmung und frage mich, was das ganze überhaupt soll.
Am nächsten Morgen ist der Kummer vergessen, denn ich befinde mich wieder im vertrauten Kreise wißbegieriger Jägerlehrlinge. Sie ähneln sich alle. In gedrückter Stimmung und zerfurchter Stirn ob der oft ungewohnten geistigen Anstrengung.
Der Lehrgangsleiter erscheint, fragt nach unseren Beweggründen, warum wir die Prüfung machen wollen, und fängt sofort mit dem Intensiv-Kurs an. Und wenn etwas diesen Namen verdient, dann die dort verbrachten Tage. Manchmal 7–8 Stunden am Tag, und ich muß sagen, was und wie es gesagt wurde, ließ keine Minute Müdigkeit aufkommen. Sehr gründlich und nach neuesten wissenschaftlichen Erkenntnissen wurden Zusammenhänge im Naturhaushalt erklärt, und welche Möglichkeiten die Jagd bietet, solches zu unterstützen. Auf dem Gang durch dieses Musterrevier lernte ich mehr Praxis als in all den vertrödelten Stunden des sogenannten Praktikums. Ich lernte unseren Jagdfreund verstehen, der so darauf drängte, mich hierher zu ver-

frachten, und es tat mir auch gar nicht mehr leid – im Gegenteil. Müde und mit schwerbeladenem Haupt voll wissenschaftlich erprobter Jagdmethoden lande ich wieder zu Hause, und wenigstens mein Jäger ist beeindruckt von meinen Kenntnissen. Auf jeden Fall weiß ich mehr als er, der seit Jahrzehnten den Jagdschein so lässig in der Tasche rumträgt.
Und dann heißt es eines Tages wieder »Prüfung«. Sepp und ich fahren los – eine schweigsame Fahrt. Die Frage: Jagdschein – ja oder nein? wirkt lähmend auf jeden Gesprächsnerv.
Hier wird mit Schießen begonnen, denn wer nicht schießen kann, kann sich alle weiteren geistigen Mühen sparen. Mit Tontauben wird angefangen. Ich bin in der zweiten Gruppe. Bei der 1. Gruppe hat es einer nicht geschafft, aber es darf einmal wiederholt werden, wenn alle durch sind. Ich fühle mich wie vor meiner Hinrichtung. – Wie ich das fünfte Täubchen zerschmettere, ruft der Oberprüfer voll Freude: »Sie hat's!« Und die anderen klatschen fröhlich Beifall.
Auch diese herzliche spontane Geste tröstete über viele Mühen hinweg.
Aber leider war dies ja erst der Anfang.
Zweitens Pistolenschießen. Das bedeutet für mich normalerweise das Ende, denn wer mit Pistole nicht trifft, wird zum Kugelschießen gar nicht mehr zugelassen. Meine Mitprüflinge geben angstvoll gute Ratschläge. Ja, das war es. Hier war nicht jeder nur an sich interessiert, es hatte sich im Laufe der gemütlichen Schießtage ein richtiger Teamgeist entwickelt, und man bangte ehrlich mit jedem, der gerade dran war. Einer lag wie eine Leiche im Gras neben dem ganzen Schießgetümmel und machte autogenes Training. Er schoß sich mit Bravour durch alle Disziplinen. Ich erwähnte ja schon vorher, daß das Wunder eintraf und auch ich die verlangten Treffer auf der Scheibe landete.
Dritte Etappe. Bäuchlings liegend auf die Fuchsscheibe, und nun wurde es kritisch. Einen Schuß haute ich total daneben, und dann war's einfach aus. Ich fing an zu zittern – und wie, daß ich das Gewehr kaum noch halten konnte. Die stundenlange Anspannung war einfach zu viel für mich, und ich sehe ehrliches Bedauern in allen Gesichtern.

Wir haben zu neunt das Kugelschießen nicht geschafft. Tontauben und Pistolen dafür alle! Der große Vorteil aber ist, daß gleich am nächsten Tag das Wiederholungsschießen stattfindet. Wie betäubt gehe ich in's Hotel, rufe zu Hause an, daß nun endgültig alles aus ist, geh' ins Bett und schlafe auch sofort ein, obwohl es erst sieben Uhr abends ist.
Am nächsten Morgen sitzt mein Jäger am Frühstückstisch. Er hielt es zu Hause nicht mehr aus und war überzeugt, seine Gegenwart sei eine notwendige moralische Unterstützung.
Es ist ein strahlender sonniger Maimorgen, und ich fühle mich nach dem langen Schlaf auch wie neu geboren. Sepp und mein Jäger stehen am Rande des Schießgeschehens und schauen wie kranke Dackel aus. Sie saßen die halbe Nacht zusammen und besprachen mit Hilfe von viel Flüssigkeit, was ich wohl alles verkehrt gemacht hatte und ob es heute wohl besser gehen würde. Aus lauter Solidarität mit meinem Versagen vergaß Sepp, sich über die eigene bestandene Hürde zu freuen.
Ich schaue erst mal gelassen einer Meisenmami zu. Sie hat dummerweise ihr Nest in den Schießstand gebaut. Nun sitzt sie auf einem Baum neben dem Stand und zetert lauthals auf uns herunter: Was wir alle hier wollen, und warum wir solchen Lärm machen, ihre Kinder erschrecken und sie am Erfüllen ihrer Mutterpflichten hindern.
Aber dann bin ich dran. Fuchs liegend: drei gute Treffer. Reh angestrichen ebenso. Keiler: ich habe schon über 60 Punkte und somit das Ziel erreicht! Und da ich den laufenden Keiler sowieso treffe, sind es glücklich 84 Punkte.
Die kranken Dackel strahlen wieder und ebenso alle, die bestanden haben, und ich erst recht. Die Prüfer sehen geknickt aus. Ein einziger armer Prüfling hat es nicht geschafft. Nur ein einziger Punkt fehlt ihm! Es ist ausgerechnet der, der beim Übungsschießen immer einer der Besten war. Es ist einfach nicht zu glauben. Es gibt ein längeres Palaver, wie so was möglich ist, und die Prüfer trösten ihn um die Wette, daß so ein dummer Zufall sich im nächsten Jahr garantiert nicht wiederholt.
Unter den Wiederholungsschützen sind auch der Metzger und der Weinbergbesitzer. Welch ein Glück! Tische werden zusam-

mengerückt, und im Nu ist die furchterregende Schießanlage ein gemütlicher Picknickplatz. Es trudeln noch einige Lehrgangsteilnehmer ein, die wissen wollen, wie es uns erging. Und was für ein Schlückchen unser Weinkenner mitgebracht hatte! Es schmeckte noch besser als dieser wunderschöne Morgen. Prüfer und Lehrlinge sitzen erleichtert zusammen, und die Zungen wissen kaum, wie sie diese ›Reden-Essen-Trinkanstrengungen‹ bewältigen sollen.
Mama Meise hat sich auch wieder beruhigt und rast mit dicken Futterbrocken über unsere Köpfe hinweg. Für mich endlich einmal wieder ein Tag, an dem die Welt in Ordnung ist. Nicht lange. Mir fällt Anusch, mein richtiger Dackel ein, die im Auto sitzt und schmachtet, wo wir so lange bleiben. Hier kann sie ruhig ein bißchen herumschnüffeln, denk ich. Ich hüpfe selig, meinem würdigen Alter so gar nicht entsprechend, zum Parkplatz.
War es der gute Tropfen? Irgendwie verwechsle ich die Beine, und plumps, da sitz ich im Gras, ein stechender Schmerz im Fuß, und ich schaue erstaunt zu, wie der zusehends dicker wird. Die Picknicker wundern sich ein Weilchen, warum ich nicht komme, bis sie merken, daß da was nicht stimmt. Dann werde ich gleich zum Auto abgeschleppt. Der Fuß ist zum Glück nicht gebrochen, aber eine Verstauchung und Bänderriß reicht auch. Noch nie sah ich so deutlich, wie viele verschiedene Schattierungen es von der schönen Farbe blau gibt. Von zartem Blau bis Dunkellilarot leuchtet mein Bein, so daß ich es schnellstens unter Eiswickeln verstecke.
Donnerstag – Freitag war Schießprüfung. Gleich am folgenden Dienstag ist die schriftliche Prüfung. Als mein Jäger und ich Sepp an diesem Morgen begrüßen, erschrecken wir. Er sieht aus, als hätte er die Nacht in einem Sarg verbracht. Irgendwie sieht er tot aus. Mit viel gutem Zureden zwängen wir ihm ein paar Frühstückshappen rein, aber ich fühle mich auch nicht viel besser. Mein Jäger fährt uns zum Tatort des Prüfungsgeschehens. Nach kurzer Fahrt schreit Sepp »Halt!«, springt aus dem Auto, rast hinter einen Strauch und gibt Mutter Natur sein Frühstück zurück. Nun sieht er richtig grün aus und gibt die Weisheit von sich: »Es ist halt nicht jeder Tag gleich.« Sein Anblick hebt mein

Wohlbefinden auch nicht gerade, und mein Fuß pocht kräftig dazu.
Die Prüfung wird in einem normalen Klassenzimmer abgehalten. Ich bin auf den Landrat und Bürgermeister neugierig, doch siehe da, einsamer Aufpasser ist hier der Kreisjägermeister. Auch hier hat jeder einen großen Tisch für sich allein. Der Kreisjägermeister appelliert an unser waidmännisches Ehrgefühl, uns an die Prüfungsordnung zu halten, und verteilt die Fragebögen. 6 Fächer je 20 Fragen, sind 120. Also 20 mehr als in Bayern. Die Fragen wurden nach neuen Unterlagen erstellt, die Bayern erst ein Jahr später einführte. Oh je, es geht auch gleich mit pennerierenden Pflanzen los. Als ich einmal zu Sepp rüberschaute, hatte der wieder eine schöne, lebendig wirkende Gesichtsfarbe, und auch mein Kopf fing an zu glühen. Es war wirklich schwer. Da hatte ich die Fragen in Bayern direkt lässig beantwortet.
Hier hätte man rausgehen können, sooft man wollte, um die Toilette zu befragen, doch niemand machte von dieser einmaligen Gelegenheit Gebrauch. Wer fertig war, gab seinen Fragebogen ab und konnte gehen. Eingeräumte Höchstzeit für das Fragespiel: drei Stunden. Wir trafen uns allmählich alle in einem in der Nähe liegenden Lokal, und der Rest des Tages vergeht mit der Frage: »Was hast Du bei der oder jener Frage geantwortet?« Ist keine Übereinstimmung bei Frager und Antworter, wird die Frage weitergereicht, bis wir alle ganz durcheinander sind.
Die Bögen werden nach einem Punktsystem bewertet. Es besteht aber die Möglichkeit, wer schriftlich in einem Fach mangelhaft war, dies durch gründlicheres Befragen bei der mündlichen Prüfung auszugleichen. Wir erfuhren später, daß dies bei Sepp und mir nicht notwendig war.
Schon zwei Tage später erfolgte in einem Forsthaus diese mündliche Befragung. Oh diese Prüfungsangst! Mein Jäger fährt wieder zwei Leichen zum Ort des Geschehens, letzter Akt.
Je drei Prüflinge werden vor das gesamte Prüfungskomitee geführt, und der Reihe nach stellen die Prüfer ihre Fragen, und dies hat einen großen Vorteil. Die Prüfer hören mit, was ihre Kollegen fragen. Als von mir einer wissen wollte, wie groß die gesamte bejagbare Fläche auf der Welt ist, erhoben die anderen

Prüfer Einspruch und sagten, das wüßten sie auch nicht. Er zog die Frage zurück. Ansonsten mußte ich einen Drilling auseinandernehmen und erklären, Losung und Fährten deuten, usw. An alles erinnere ich mich nicht. Doch, noch eins: Ich sollte Lebensgewohnheiten und Waidmannssprache von Schwarzwild beschreiben. Als ich beim Kopf angelangt bin, blinzelt ein Prüfer heftig den vor ihm stehenden Aschenbecher an und will mir so wohl »Teller« für die Ohren signalisieren. Das weiß ich sowieso und hätte beinahe rausgelacht. Aber auf einen Schlag war durch diese Geste alle Prüfungsangst verschwunden, und so etwas wie Vertrauen war plötzlich da. Ich hoffe sehr, wenn ich dies nun verrate, daß man diesen Prüfer nicht an seinen »Tellern« zupft.
Und noch ein großer Vorteil: man erfährt sofort das Ergebnis und Sepp und mir wird das herrliche Wort: *Bestanden!* verkündet.
Sepp läßt durch die heilige Prüfungshalle einen urbayrischen Juchzer ertönen und wirft seinen Hut in die Luft. Die Prüfer biegen sich vor lachen. Sie freuen sich tatsächlich mit jedem, der besteht. Uns wurde im fernen Bundesland wirklich nichts geschenkt, nur wurden wir gerechter beurteilt. Warum kann das nicht überall so sein?
Zwei sind es, die es hier nach der mündlichen Prüfung nicht geschafft haben. Ich weiß nicht, wieviel Prozent dies sind, auf jeden Fall keine 40.
Am liebsten würden wir Jägerneulinge sofort das Landratsamt stürmen, um unsere Jagdscheine abzuholen, aber es ist schon später Nachmittag. So begnügen wir uns, den nächsten Photoladen zu stürmen, um uns die für den Jagdschein notwendigen Paßphotos zu besorgen. Ich humple hinterher. Die junge Photographin gerät total aus dem Häuschen, als sie der Reihe nach mindestens zwanzig aus allen Knopflöchern strahlende junge Männer ablichten darf. Nur ich sehe auf diesem Paßphoto um mindestens zehn Jahre älter aus.
Am Abend treffen sich Prüfer und Jägerneulinge zu einem größeren Umtrunk, und ich höre mit erstaunten Ohren, wie sich, sogar in Versform, die Ex-Lehrlinge bei ihren Prüfern und Lehrern bedanken! Für ihre Bemühungen beim Lehrgang und ihre

Geduld beim Schießgeschehen. Erleichterung und Freude in allen Gesichtern. Es wurde aber allmählich auch Zeit.
Des öfteren werde ich an diesem Abend von den Prüfern gefragt, warum wir zu ihnen kommen, um die Prüfung hier zu machen, denn ihre Prüfung sei doch wirklich nicht leichter, sogar im Gegenteil. Ich bin richtig verlegen. Was soll ich erzählen? Sie können sich beim besten Willen nicht vorstellen, wie es mir bei der mündlichen Prüfung erging. Ich kann es ja bis heute selber nicht fassen.
Der nächste Tag beginnt mit dem Weg zum Landratsamt zwecks Abholung des ersehnten Papiers. Sepp stürmt, ich humple in das Zimmer, an dessen Tür »Jagdschein« steht. Mit dröhnender Stimme verkündet Sepp: »Gut'n Morg'n! Mir hätt'n gern onsern Jogdschein g'löst, do san meine Popier.« Ich halte meine auch gleich hin. Aber was ist los? Der Mann hinter dem Schreibtisch wird erst blaß – dann rot. Er deutet auf Sepp mit dem Zeigefinger, als ob er ihn damit aufspießen will und schreit: »Sie sind ein Bayer! Ihr könnt gleich wieder gehen, von mir kriegt ihr gar nichts.« Ich habe zwar noch keinen bayerischen Ton von mir gegeben, aber der Schreihals bezieht mich gleich mit ein, offensichtlich sehe ich echt bayerisch aus. Und dann geht eine Schimpfkanonade los, wie ich sie wirklich in meinem Leben noch nie hörte. Wir stehen vor Schreck wie versteinert da und lassen alles über uns ergehen. Der Schreihals steigert sich so in eine Wut, daß ich zum erstenmal sehe, wie bei einem Menschen (oder ist das gar keiner) die Schläfenadern dick und blau anschwellen. Gerade will ich die Flucht ergreifen, weil ich wirklich das Gefühl kriege, der bringt uns eher um, als uns einen Schein zu geben, da steht im Hintergrund eine Frau auf, die wir noch gar nicht bemerkten. Wortlos nimmt sie unsere Papiere, holt zwei Jagdscheine aus der Schublade und schiebt uns die Anträge hin, die wir ausfüllen müssen. Der Schreihals rennt herum und fuchtelt. Mir ist der Schreck so in die Glieder gefahren, daß ich meine Schrift auf dem Fragebogen beim besten Willen selber nicht lesen kann. Die Frau tippt auf der Maschine, gibt uns unsere ausgefüllten Scheine und schiebt uns schnell zur Tür hinaus. Mir zittern die Knie, daß ich kaum noch stehen kann und am

liebsten losheulen würde, und verflixt, der Sepp sieht schon wieder wie eine Leiche aus!
Als uns mein Jäger, der uns auf dem Parkplatz erwartete, sieht, läßt auch er vor Schreck die Zigarette fallen. »Was ist denn mit euch los?« Ich heule los: »Ich will schnellstens nach Hause.« Sepp erzählt ihm, daß da drinnen ein Wahnsinniger sitzt, dem wohl irgend ein Bayer einmal gegen das Schienbein getreten haben muß. Da möchte mein Jäger gleich das Amt stürmen und zu dem Vorgesetzten des Schreihalses gehen. Nur unsere Weigerung, dies Amt noch einmal zu betreten, hält ihn davon ab, und wir fahren endlich los Richtung Heimat. Mein Kopf fängt an zu dröhnen, und auch Sepp erholt sich nur sehr langsam von seiner

Totenstarre. Und wir Jagdscheinneulinge hatten uns vorgestellt, auf einer Wolke von Seligkeit unsere Heimfahrt anzutreten!
Die nächsten Tage verbringe ich – nicht auf der Jagd. Mein Fuß bedarf noch der Schonung, und mit lechzenden Sinnen greife ich nach Lesestoff, aber nach einem, der nichts, aber auch gar nichts mit Jagd zu tun hat. Es dauerte viele Wochen, bis langsam, ja ganz langsam die Freude auftauchte. Der Schreihals hatte mir einen richtigen Schock versetzt, und ich befürchtete ernsthaft, er würde etwas unternehmen, uns den Schein wieder abspenstig zu machen.
Ungefähr ein Jahr später kam eine Einladung aus meinem Jagdscheinerwerbsland zu einer Feier für alle Jägerneulinge. Wir fuhren. Sehr exklusiv in einem Kurhaus waren alle versammelt. So fein gemacht zur Feier des Tages, mußte man bei manchen erst zweimal hinschauen, um sie zu erkennen. Der Unglücksschütze, der das Schießen nicht geschafft hatte, war auch dabei, mit inzwischen erobertem Jagdschein. Es war wirklich ein freudiges Wiedersehen mit vielen.
Wir Neulinge mußten uns vorne aufstellen, und der Kreisjägermeister hielt eine Rede. Ich weiß heute nicht mehr, was er sagte, ich weiß nur noch, daß seine Art zu sprechen einem richtig unter die Haut ging und mir eine Gänsehaut den Rücken hinauf und hinunter rieselte. Dann strahlte er uns an, und mit dem Waidblatt auf die Schulter erhielten wir unseren Jägerschlag. Es war wirklich sehr eindrucksvoll und feierlich. Anschließend erhielten wir einen Jägerbrief – ein sehr dekoratives Pergament.
Dies ist nun schon Jahre her, und die Mühen waren fast vergessen, doch gestern las ich in der Zeitung: Jagdscheinbewerber sollten sich jetzt anmelden. Gibt es immer noch welche? Wenn ja, dann wünsch ich euch alles, alles Gute und viel Glück. Waidmannsheil!

Hühnerschwund

Menschen und Füchse haben manchmal denselben Geschmack. Beide lieben zartes Hühnerfleisch als Magenfüllung. Auch wenn man Füchse für schlau hält, so sind Menschen doch noch schlauer. Damit sie ihren Hühnerbraten schnell bei der Hand haben, gehört zu einem Bauernhaus ein Hühnerstall, und der Stolz fast jeder Bauersfrau sind die guten Legehennen, die täglich ihr Ei hinterlegen und dann auch noch als Suppenhuhn ihre Qualität beweisen. So zählt die Bäuerin täglich die Häupter ihrer Lieben. Tja, und das ist einfach fatal, jeden Tag fehlt ein Huhn! Oft sogar zwei!

Der Hühnerstall ist nachts geschlossen, und bei Nacht ist die Hühnerwelt auch absolut in Ordnung. Nur am Tage tut sich da irgend etwas. Wenn man über fünfzig Hühner hat, fällt es auch nicht so schnell auf, wenn eines oder zwei fehlen. Wenn aber allmählich nur noch zwanzig da sind, muß der Schuldige gefunden werden. Der Fuchs? Am Tage? Niemand hat je einen gesehen. Alle laufen nur noch mit rollenden Augen herum – und schon wieder fehlt ein Huhn!

Wer klaut hier Hühner? Sicherheitshalber werden die Nachbarschaftsställe besichtigt, die guten braunen Hennen sind nicht dabei. Dann soll gefälligst der Jäger mal her. Was soll nun der Jäger am Hühnerstall?

Wir hören uns die traurige Geschichte an. Die Stimme unserer Erzählerin ist abwechselnd weinerlich, einmal vorwurfsvoll und dann sogar wütend! Wir klappern alle uns bekannten Fuchsbauten ab. Nur einer ist befahren, aber kein Hühnerfederchen kann als Indiz die Bewohner überführen.

Und pünktlich wie das morgendliche Wecken erfolgt die abendliche Nachricht: wieder ein Huhn verschwunden.

Wir unnützen Jäger stehen am Zaun und hören uns die Vermißtenanzeige an. Ich bewundere den schönen, neuen Hühnerstall, der in eine Scheune eingebaut wurde. Durch die Schräglage des Geländes mußte ein Fundament gesetzt werden, so daß die eine Hälfte der Scheune auf einem Unterbau steht, und zur Belüftung desselben hat man einfach einen Ziegelstein ausgelassen. Sehr

schön. Ein Huhn spaziert stolz um diese seine Heimstatt. Wuttsch! Plötzlich ist es weg. Ich weiß gar nicht, wie das vor sich ging. Ich deute fassungslos auf die Stelle. Die anderen haben nichts gesehen. Mir scheint, sie sind blind wie Hühner. Sie schauen mich auch recht ungläubig an. »Guckt mal in das Loch, wo der Stein fehlt« sag ich. Geht nicht, zu klein. Wir sind alle »Großkopfete«. Also Ansitz am Hühnerstall, mal was anderes.
Die restlichen Hühner gackern traurig vor sich hin, verteilen ihre Kleckse, und wir starren auf einen nicht vorhandenen Ziegelstein. Da schiebt sich eine ziegelrote Nase vor. Bumm – bumm, sagen unsere Flinten. Die Hühner krakeelen. Wir auch. Das Füchslein hatte sich direkt unter dem Stall einquartiert und mußte nur warten, bis ein Huhn an seiner Nase vorbeispazierte! Wir hatten alle Mühe, ihn durch das kleine Loch zu ziehen, so fett war er!
Eines muß ich ja noch richtig stellen: Füchse sind doch schlauer als Menschen. Menschen bauen sich mit großer Mühe einen Hühnerstall, das Füchslein dankt für die schöne, neue Behausung und schnappt wochenlang unbemerkt die zartesten Hühnerkeulchen einer ganzen Familie vor der Nase weg!

Die Saufieberbande

Es ist sehr schön, wenn liebe Verwandte ein Revier ergattern, in dem sich Sauen ständig zu Hause fühlen. Die verwandtschaftlichen Bande vertiefen sich fast ruckartig auf der Basis, gemeinsame »Sauereien« zu begehen oder zu erleben.
Kaum zu glauben, wie oft doch einigermaßen gebildete Menschen das Wort »Sau« gebrauchen. Ich habe einmal eine Stunde lang mitgezählt: 45 mal! Nachdem was ich nach solchen Abenden träumte, hätte mich wohl jeder Psychiater zutiefst bedauert. Aber man gewöhnt sich ja an so vieles!
Ist es die Gehirnwäsche, der man in Jägerkreisen unterzogen wird, oder ist es der eigene Urinstinkt, der allmählich an die Oberfläche schaukelt? Jedenfalls merkte auch ich, daß die Umrisse von Sauen wie eine ständige Fata Morgana sich vor meinen

Augen zu tummeln begannen. Aha! die Krankheit »Saufieber« hatte also auch mich gepackt.
Also los! Beim schönsten Sauwetter saß ich auf einem neugezimmerten Hochsitz. Staunte so ein bißchen vor mich hin über die enorme Arbeitsleistung, die meine Saufiebergenossen in kurzer Zeit vollbracht hatten. Hochsitze, Kanzeln, Wildäcker waren entstanden. Sauen als Energiequelle! Ob das schon allgemein bekannt ist?
Eine Geiß mit ihrem Kitz zog vor mir. Noch vor kurzem ein Interessenhöhepunkt friedlicher Ansitzabende. Doch nun? – Meine Augen suchen automatisch weiter. Da! Rechts in der Dikkung kracht ein Ast. Die Geiß springt ab. Ich entsichere. Sauen sollen ja gute Ohren, ach nee, »Teller« haben. Von mir aus hören sie mit Messer und Gabel, nur kommen soll eine!
Ein schwarzer Kasten kommt aus der Dickung. Ich such' den Kasten im Zielfernrohr – nichts. Ich schau noch einmal ohne Zielfernrohr – da ist doch der wandernde Schrank! Aber wie ich mich drehe und verrenke, mein Zielfernrohr bleibt mit Blindheit geschlagen. Aus der Spuk, vorbei. Es waren nur Sekunden. Der Schrank ist umgezogen in die nächste Dickung.
Fassungslos sitze ich da. Was ist nur mit mir los? So etwas ist bestimmt noch keinem Sauenjäger passiert. Ich versuche einen Baumstumpf anzuvisieren, der in der Ecke steht, aus der ein riesiger Kastenschrank kam. Unmöglich! Nun geht mir endlich eine Leuchte auf. Die schönen neuen Sitze sind für lauter Zwei-Meter-Menschen gebaut, da bin ich fast einen halben Meter zu kurz. Die Gewehrauflage läßt mich in normaler Lage vielleicht den Mond treffen, jedoch auf keinen Fall eine Sau, die knapp vor dem Sitz herumspukt.
Anstatt vorher mal Anschlagübungen zu machen ... Es ist das erste, was ich nun auf jedem Sitz ausprobiere. Aber keine Sau war mehr von meiner Harmlosigkeit überzeugt. Das heißt nun nicht, daß ich ganz ohne Saugenuß blieb.
Eines Abends sagt mir das Krachen eines Schusses, daß einer meiner Saufieberbandenbrüder erfolgreichere Anvisierübungen gemacht hatte als ich. Ein etwas kleinerer Schrank als der, der mich beehrt hatte, lag da.

Daß die Sau lag, war ja sehr schön, nur wo sie lag, weniger. Nämlich in einer Dickungsschneise, in der knietief Astholz lag, und wenn man Sauen beim Abendspaziergang schießt, kommt es vor, daß es dunkel wird, bis man sich beglückwünscht und die Sau ausgiebig begutachtet hat und zu guter Letzt noch aufbricht.
Erstaunt stellt der Schütze fest, daß sein Rucksack nicht mitgegangen war. Wohin mit dem Aufbruch? Auch die anderen nützlichen Wildabtransportier-Utensilien ruhen in den weit entfernten Autos. Na, dann legen wir den Aufbruch eben wieder in den aufgebrochenen Wildkörper, und die Gerda geht hinterher, paßt auf, daß nichts herausfällt, und kann uns noch mit der Taschenlampe leuchten.
Die Sau wird an den Läufen mit der Hundeleine gefesselt, und mit »Hauruck« geht es über holprige Äste. Nicht lange. Der Schein der batterieschwachen Funzel läßt erkennen, daß die Jäger sich nicht im klaren waren, was vorn und hinten bei einer Sau ist, und so auch noch gegen den Strich ziehen! Also Abwechslung muß sein. Nun werden die zwei anderen Läufe gefesselt. Es zieht sich auch gleich viel leichter. »Halt, die Leber rutscht raus.« Macht nichts, ich habe ja noch eine Hand frei. »Stop!« Der Rest des Aufbruchs will in's Freie. Die Taschenlampenfunzel wird in den Mund gesteckt, da ich große Mühe habe, den Aufbruch dieser Eineinhalb-Zentner-Sau mit beiden Händen dem glücklichen Schützen hinterherzutragen.
Meine Gedanken wandern zu meiner Mutter: Würde sie mich sehen, wie ich hier nachts, mit schweißtriefendem Aufbruch durch den Wald stolpere! Nicht auszudenken. Aber sie weiß auch nicht, wie schön Saufieber ist.

Hochsitzgedanken

Das Streben nach Höherem ist dem Menschen angeboren.
Wenn man einmal so im Grase liegend der Mühsal eines Ameisenlebens zuschaut und auf den Bäumen die Vögel zwitschern hört, erkennt man, daß von einer höheren Warte aus das Leben entschieden angenehmer sein muß, wenn es einen so zum Jubi-

lieren verführt. Regenwürmer und Käfer, mögen sie auch noch so nützlich sein, hört man nie vor Freude juchzen. Erweist sich doch die mühsame Erdenkrabbelei, ja schon der kleinste Ast, als schwer zu überwindendes Hindernis. Allein die bessere Perspektive führt also zum Singen.

Der Mensch lernt (wenn überhaupt) immer von der Natur. Also bauten sich schlaue Urahnen einen erhöhten Sitz, und automatisch war eine höhere Stellung erklommen. Bessere Weit- und Übersicht, seltener mehr Einsicht, war auch erreicht. So schnell war man also dem Rest der Welt überlegen. Überlegenheit ist immer eine feine Sache. Konnte der eigene Denkapparat dies Gefühl nicht vermitteln, nahm man die Keule zur Hand und dazu noch einen klangvollen Namen. Auf einem solchen Höhepunkt angelangt, konnte das Leben recht angenehm sein.

Wir sind heute schon längst zu der Einsicht gekommen, daß die Ehre der Welt sich niemals mit der Schönheit und Erhabenheit der Natur messen kann, ja für Menschen unerreichbar ist.

Also stellen wir heute unsere Throne gleich im schönsten Bereich der Welt, eben in der freien Natur, auf. Nicht etwa zum Zwecke, uns anhimmeln zu lassen, sondern um eins mit ihr zu werden.

Auch diese Selbsterhöhung ist ein mühsamer Weg. Es gehört viel Erdenkrabbelei mit Säge, Axt, Beil und Nägeln dazu. Doch glücklicherweise tropft der Schweiß auf die Erde und versickert, ist also vergessen, sobald man den Sitz der Vogel- und Zwitscherperspektive erreicht hat.

Zeit, Ruhe und eine friedlich schöne Natur: die beste Grundlage, nun endlich etwas Kluges zu tun. Nun denn, also die Erde sich so ein bißchen untertan machen!

Da sitzt man nun mit scharf geladener Waffe. Die Keule hat sich auf Dauer nicht bewährt, und ein Fernglas verschärft den Weitblick, der uns von Natur aus ja auch meistens fehlt.

Man genießt so um sich herum, und da wird uns ein großer Augenblick beschert. Ein Bock tritt aus, völlig sicher im Selbstgefühl, der Größte zu sein, soweit Lichter und Duftmarke reichen – ja, so leicht kann man sich täuschen.

Nun geschieht eine der größten Paradoxien der Weltgeschichte.

Nämlich die meisten Besetzer von Thronen in der Natur sind Männer, und sie geraten trotzdem beim Anblick ihrer Geschlechtsgenossen oft in helle Verzückung. So mit zitternden Händen und Knieen – wie beim Anblick ihrer Angebeteten aus der anderen Sparte Mensch, während sie beim Anblick der weiblichen Tierwelt ziemlich sachlich nur Alter und Fruchtbarkeit begutachten. Würde also alles auf der Welt seinen geraden Weg gehen, dürften Böcke nur von Frauen erlegt werden.
Mich überläuft somit völlig berechtigterweise ein freudiger Schauer beim Anblick eines so schönen »Mannes«, und besitzergreifend, wie Frauen nun einmal sind, greife ich zur Keule, ach nein, natürlich Büchse, damit derjenige mein sei – auf ewig.
Und unerklärlich bleibt die Freude, ja sonderbarerweise auch Dankbarkeit bei solchem Tun. Daß die Welt so in Ordnung ist, bestätigen uns die Mitbewohner unserer erhöhten Sitze, denn sie jubilieren fröhlich weiter.

Allein im Wald

Schon Wilhelm Busch wußte: »Wer einsam ist, der hat es gut, weil keiner da, der ihm was tut.« In dieser glücklichen Lage bin ich eines Morgens bei der Jagdhütte. Das heißt, ganz allein bin ich nicht, Dackel Anusch ist wie immer auch dabei, und im Wald ist es sowieso unmöglich, sich allein zu fühlen, ein Heer von Zwitscherkünstlern empfängt mich lautstark. Sie haben zu lange im sonnigen Süden gelebt und sich den dort üblichen temperamentsüberschüssigen Lebensgewohnheiten angepaßt.
Wir haben hier eine Vogeltränke angelegt. Es ist ein einfacher, quer durchgesägter Plastikkanister, der in der Erde eingegraben ist. Verschieden große Steine dienen als Landebahn für die durstigen Flugkünstler. Sie haben diese Pfütze aber zu einer Bade-Trink-Kuranlage umfunktioniert, und alles, was in der hiesigen Vogelwelt Rang und Namen hat, trifft sich hier.
Sie plantschen, tratschen und streiten, andere zupfen kokett ihre bunten Federn zurecht. Typisch Kurbetrieb – und wer angibt, hat nun mal mehr vom Leben.

Ich gehöre als Bedienungspersonal, zuständig für die Frischwasserzufuhr, sozusagen zum Inventar. Man nimmt mich nicht zur Kenntnis. Sie rasen, ohne jeden Sicherheitsabstand zu halten, mir und Anusch um die Ohren, und ihr Trinkgeld klecksen sie mir in den Kaffee, den ich vor der Jagdhütte trinke. Ein Vogel versuchte mehrmals während der Nestbauperiode, mir beim Schlafen einige Haare auszurupfen. Ich wußte bis dahin gar nicht, daß ich so schönes Hausbaumaterial besitze. Nur fand ich die rüde Rupfmethode von Mama Fink gar nicht nett. Also schnitt ich mir und Anusch ein paar Locken ab, die auch prompt wahrscheinlich als Polstergarnitur ins Vogelheim gebracht wurden. Auch heute laß ich meine trägen Glieder ein bißchen faul in der Sonne herumliegen. Die Hummeln schwirren wie volltrunken von einer Blütensaftmarke zur anderen. Meine Badekurgäste haben sich etwas ermüdet in den Bäumen verteilt und benehmen sich nicht mehr ganz so südländisch, sondern zwitschern gemäßigt vor sich hin.
Ein Zustand zufriedener Wunschlosigkeit ist in mir und um mich herum. Nur leider kann kein Lebewesen in Frieden leben, wenn es dem bösen Nachbarn nicht gefällt.
Mordsmäßiges Drosselgezeter schreckt uns auf, und schon sehe ich, wie Mama Drossel sich auf einen Eichelhäher stürzt, der wahrscheinlich einen Kinderraub vorhatte. Der große Vogel ergriff die Flucht, und Familie Drossel krakeelt noch ein Weilchen aufgeregt.
Doch ich höre auch etwas entfernt, wie der Eichelhäher seinen Bandenmitgliedern von seinem Fund erzählt. Das heißt, sie werden wiederkommen. Ich gehe in die Hütte und lade die Flinte, setz mich gut gedeckt unter das Hüttendach.
Es dauert ein Weilchen, aber das Krächzen kommt schon näher, – und da wagen sich zwei auch schon heran und fliegen in Richtung der Drossel. Bumm – ein Eichelhäher hört zu fliegen auf, und Anusch stürzt sich auf ihn. Der zweite ist verschwunden. Anusch ist selig und apportiert mir den hübschen Räuber. Es kostet etwas Überzeugungskraft, ihr klarzumachen, daß dies kein Kaugummi ist, und wir legen ihn als Lockvogel nochmal gut sichtbar in die Eichelhäher-Einflugschneise.

Das Krachen hat den Clan wohl verschreckt, und es dauert etwas länger bis »Kräh- kräh« wieder an unser Ohr klingt. So warten Anusch und ich geduldig, bis wieder einer kommt, um nach dem abgestürzten Familienmitglied zu fahnden, und auch ihn ereilt dasselbe Los. Erst rupf ich die hübschen blauen Federn, und dann rupft Anusch noch ein bißchen was für sich.
Unsere Faulenzerstimmung ist verflogen, und ich mach den Vorschlag, unsere Beute zum Luderplatz zu tragen. Anusch zischt ab, als hätte jemand Feueralarm gegeben, oder ist es der Stinkduft, der sie so anzieht?
Nach ein paar hundert Metern fällt Anusch wahrscheinlich ein, daß die gerupften Eichelhäher sich in meiner Obhut befinden. Traut sie mir nicht? Auf jeden Fall kommt sie zurück, geht schön bei Fuß, schnappt hin und wieder nach den vor ihrer Nase schaukelnden Ex-Krächzern.
Am Luderplatz, einer eingegrabenen Tonröhre in der Nähe eines frisch begangenen Fuchsbaus, ist es sauber, obwohl vor drei Tagen das Gescheide eines alten Bockes hier hergebracht wurde. Nur aus der Röhre stinkt es schauerlich. Das soll ein Lockmittel sein? Tatsächlich, schon wälzt Anusch sich vor der Röhre, um ihr Lockenfell mit dieser herrlichen Duftmarke zu verkleben.
»Mistvieh« brüll ich. Mistvieh springt auf und guckt mich erschrocken an. Ich hinterlege schnell die entfederten Krächzer, um hier wieder wegzukommen.
Aus der Fuchsbaurichtung raschelt es an mein Ohr. Sind etwa die Jungen schon unterwegs? Ich klemm mir Anusch unter den Arm, damit sie nicht auch noch dahin rennt. Sie kennt sich ja aus und weiß, wo es noch interessant riecht, und schleicht zum Hochsitz.
Und wirklich, vier oder sind es fünf – graue Fellchen kullern dort herum. Sie müssen noch sehr dumm sein, wenn sie sich von meinem Geschrei erst nicht erschrecken ließen. Einer versucht, über eine Wurzel zu klettern, und fällt immer wieder auf den Rücken, oder seine Geschwister ziehen ihn am Schwanz (Lunte kann man das noch nicht nennen) wieder runter.
Was gibt es Hübscheres, als solchen übermütigen Tierkindern beim Spiel zuzusehen? Trotzdem wandern meine bösen Gedan-

ken weiter, und ich stelle mir diese Kullertierchen ausgewachsen im Winterpelz vor. Für zwei Ärmel einer schönen Pelzjacke würdet ihr ausreichen. Ich würde euch in Ehren tragen und halten, versprech ich in Gedanken.

Wir schauen so fasziniert zu, daß wir gar nicht merken, woher die Geiß kam, die plötzlich vor unserem Sitz steht. Sie kümmert sich nicht um das Geraschel. Ihr Gesäuge sagt mir, daß sie selber genug Sorgen hat mit ihrem Nachwuchs.

In herrlichem Überfluß stehen Akeleien hier am Waldrand, und was macht die Geiß? Sie äst, – nein sie »frißt« eine Blüte nach der anderen ab. Die Stiele läßt sie stehen. Ich schau mich erschrokken um. Zum Glück, kein Naturschützer unterwegs, und als Ex-Schwangere hat sie ein Recht auf einen Spezial-Akeleien-Appetit!

Es ist windig geworden, und eine dunkle Wolkenwand segelt heran. Entfernter Donner läßt die »Ärmel meiner zukünftigen Fuchsjacke« in den Bau kullern, und auch Mama Geiß zieht sich zurück. Zeit für uns, das gleiche zu tun.

Das Gewitter hat es eilig, uns zu überfallen, und genau so eilig rennen wir dem Hüttendach zu. Anusch ist wie immer schneller, wenn wir einen Wettlauf machen, und erwartet mich, siegesbewußt hechelnd, unterm trockenen Hüttendach, während mich schon dicke Gewitterregentropfen vollklecksen. Gerade noch rechtzeitig untergekommen, denn jetzt fängt das Gewitter an, lautstark herumzubrüllen, so daß ich fast das bescheidene, leise Knurren meines Magens überhört hätte. Also mach ich mich an die Vorräte und schau zu, wie draußen jemand meine Aufgabe als Wasserträger für meine Trink-Bade-Kuranstalt übernimmt. Es steigert den Appetit.

Doch schon beim Kaffee fängt es an, wieder heller zu werden, also keine Zeit für ausgedehnte Kaffeepausen.

Rehe lieben es nicht, wenn die Bäume, anstatt sie zu schützen, dicke Tropfen auf sie fallen lassen. Also begeben sie sich ins Freie, und da darf ich nicht fehlen.

Ich verkleide mich möglichst tropffest und gehe zum nächsten Sitz an der sogenannten Hüttenwiese.

Die Bäume schütteln sich noch ein bißchen, bis dem Gewitter

die Puste ausgeht, und lassen die Tropfen von Ast zu Ast turnen. Ich brauche gar nicht lange warten, da kommt schon eine Geiß mit ihrem Kitz. Auch sie schütteln sich erst das Wasser aus der Decke, daß es nur so spritzt, und dann leckt die Geiß ihr Kind trocken, während dieses laut schmatzend zu trinken anfängt.
Auch am anderen Ende der Wiese zeigt sich ein roter Farbklecks – ein Schmalreh, das vorsichtig zu der Geiß herüberäugt. Wahrscheinlich ihr Kitz vom letzten Jahr, das die Tritte und Boxer noch nicht vergessen hat, die Mama ihr zum Abschied verpaßte. Sie hält hübsch Abstand, leckt sich und äst.
Da ist doch noch was! Ein Bock – na endlich! Er marschiert forschen Schrittes auf das Schmalreh zu, kurz vor ihr bleibt er stehen und schaut es an, auch das Schmalreh schaut ihn an, ja und ich schau ihn mir natürlich auch an. Bei dem Geschau seh' ich, daß die linke Stange nur halb so lang ist wie die rechte. Wo hat er die gelassen?
Nachdem die Beiden sich lange genug angeschaut haben, äsen sie ruhig nebeneinander her. Vier Jahre wird es sein. Mein Fernglas sagt mir dann: Kein Stangenbruch, er ist einseitig von Natur. Also schießen. Leicht gedacht. Meine Finger kribbeln plötzlich, als hätte ich sie in einen Ameisenhaufen gesteckt, und werden ganz pelzig. – Meine Art Bockfieber. Ich weiß aber auch, was hilft. – Weggucken und tief durchschnaufen. Nach jedem Schnaufer schiel' ich kurz rüber – steht sowieso spitz. Nix mit schießen, und endlich krabbeln die Ameisen weiter. Böckchen zeigt mir nun die Kehrseite.
Ich nehme mein Gewehr, will durchs Zielfernrohr schauen, doch da sind noch ein paar Gewittertränen drauf, die das Zielfernrohrauge trüben. Vorsichtig wisch ich es mit dem Schal trocken. Böckchen steht nur noch halb-spitz. Ich steche ein, entsichere und warte. Einige Ameisen kommen wieder. Sollen sie, das Gewehr ist nun fest in meiner Hand – und da stellt er sich schön breit hin, wie im Bilderbuch. Mein Ameisenfinger zieht am Abzug, und der Bock bricht auf der Stelle zusammen.
Erschrocken schauen Schmalreh und Geiß, trippeln ein bißchen herum, nach einem Scheinäsen springen sie sicherheitshalber ins Dickicht.

Anusch hatte ich bei der Nässe in der nur 100 Meter entfernten Hütte gelassen. Nun muß ich sie holen, sonst ist sie beleidigt. Ich höre sie auch schon quietschen, schimpfen, jaulen. Nach dem Schuß kann sie sich nie für nur eine Tonart entscheiden. Sie rast meiner Spur nach Richtung Sitz, doch so weit müßte sie gar nicht rennen.

Da ist schon mein Bock. Ich gebe ihm den letzten Bissen. Seit Jahren war er hier mein Hüttennachbar, und ich habe ihn noch nie zuvor gesehen. Auch Anusch beguckt ihn sich besitzergreifend und will ihn apportieren. – Angeberin.

Ich breche ihn auf und bin froh, daß mein Oberjäger nicht da ist und mir gute Ratschläge gibt, weil ich das Schloß nicht so gekonnt aufmache – ich bin halt von der langsameren Truppe. Dann zieh' ich ihn die wenigen Meter zur Hütte.

Es ist später Nachmittag, aber was für einer! Leuchtender Sonnenschein über dampfenden Wiesen und Bäumen. Die Regentropfen funkeln in allen Farben. Ich hole mir ein Glas Wein, setze mich vor die Hütte, meinen Bock zu Füßen. Anusch wuselt noch ein bißchen um ihn herum, legt sich dann hin und benutzt ihn als Kopfstütze.

Ich trinke auf meinen Bock, auf all das Leuchten und Zwitschern, die Freude in mir und um mich herum und darauf, daß ich noch oft solch herrliche, einsame Tage erleben darf, bis die Sonne mir endgültig »Gute Nacht« sagt.

Eine Jägerin denkt –
was kann dabei schon herauskommen

Flexible Jägerinnen

Es läßt sich nicht länger verheimlichen, die Zahl der Jägerinnen nimmt ständig zu. Höchste Zeit also, den Dianas die ihnen schon lange zustehende Beachtung zu schenken.

Riskieren wir doch einmal einen Blick zurück in die Jägerinnengeschichte, die doch schon recht illustre Details bot.
Jahrhunderte hindurch bewunderten wir die starken Männer, wenn sie die Beute anschleppten. Fühlten doch sie sich als die allein Befugten in Sachen Jagd. Friedlich, wie wir meistens sind, beugten wir uns Sitten, Bräuchen und Vorurteilen – äußerlich. Genau genommen sind wir aber aus demselben Material gebastelt wie das männliche Geschlecht. Also auch mit denselben Jagdinstinkten, mehr oder weniger. So haben sie sich auch die Folgen des Jagdverbotes selbst zuzuschreiben.
Wie ausgeprägt dieser weibliche Jagdinstinkt nämlich ist und war, beweisen die mancherorts abgehaltenen Gesellschaftsjagden, an denen Damen der sogenannten Gesellschaft teilnehmen durften, allzudeutlich.
Für heutige Jagdbegriffe ist dies ein äußerst finsteres Kapitel der Jagdgeschichte. Von Waidwerk wollen wir da lieber nicht reden, da wirkliches Wild dabei wahrhaftig nur eine Nebenrolle spielte. Das jagdliche Unwissen der Jägerinnen rächte sich hierbei bitterböse. Völlig ahnungslos legten die Jägerinnen auf das einzig ihnen bekannte Wild an – nämlich die Männerwelt.
Alle ihnen bekannten Jagdarten probierten sie aus. Im Fallen- und Schlingenstellen hatten sie schon einige Übung. So mit Schönheitspfläsferchen, Parfüms und sonstigen neckischen Tricks. Der Erfolg war ihnen fast immer sicher. So mancher hartgesottene Wilderer würde bei so viel Raffinesse erblassen.
Beliebte Jagdtrophäen waren glitzernde Steinchen und edle Metalle. Spätestens hier wurde das Jagen jedoch etwas kompliziert. Schlaue Jägerinnen wußten, daß allein die Herren die großen Erleger und Helden sein wollten. Also spielten sie so lange die Rolle des ansprechbaren Wildes, bis die irritierten Jäger Kaliber mit hohem Karatgehalt auf sie anlegten.
Nach einem solchen Abschuß fielen die Opfer nicht etwa tot um, um roh an die Wand genagelt zu werden. Oh nein, diese Geschosse bewirkten freudige Lebendigkeit bei den als Beute dienenden Jägerinnen.
Nun wurde es aber erst recht kompliziert. Der Jäger zeigte die Jägerin als Trophäe vor, und die Jägerin zeigte stolz ihre Tro-

phäen um Hals, Finger und Handgelenk den weniger erfolgreichen Kolleginnen. Das war eine Trophäenschau! Noch heute kann man manche dieser Prunktrophäen bewundern, teils von Alarmanlagen gesichert.

Solch erfolgreiches Jagen war natürlich nur einzelnen gegönnt. Die meisten begnügten sich mit einem Abschuß, der ihnen Lebensunterhalt bot. Wie gesagt, »Gesellschaftsjagden« nannte man dies.
Eignung und Ausdauer hatten die Frauen auf jeden Fall reichlich bewiesen. Hierzulande stellte nun die Einführung des Jagdscheines endgültig und deutlich die Fronten klar, was zum jagdbaren Wild gehört und zu welchen Zeiten Schonung vonnöten scheint. Damen, die nun von dieser Möglichkeit Gebrauch machen, schneiden bei Prüfungen auch prächtig ab, ließ ich mir sagen, und doch haben sie einen schweren Stand.
Heimlich werden sie doch »Flintenweiber« tituliert, und auch sonst schleppen sie schwer am Erbe ihrer Vorgängerinnen. Das heißt, sie werden in den seltensten Fällen »waidmännisch« für voll genommen (»Waidfrauisch klingt nun aber auch zu blöd.) Außerdem sind sie immer noch von der duldenden, männlichen Jägerschaft abhängig. Die Möglichkeit, selbst ein Revier zu erlangen, ist fast ausgeschlossen.
So traben sie weiterhin brav ihren oder anderen Männern nach,

die ihnen vielleicht großzügig einen Bock zum Abschuß überlassen. Viele bieten sich als Gast an oder verzieren Safaris. Auf jeden Fall bleiben die Gelegenheiten rar.
Kein Wunder also, daß eifrige Jägerinnen deshalb hin und wieder ins Schwanken geraten, einerseits freudig jede echte Jagdgelegenheit nützen zu können, andererseits bei mangelnder Gelegenheit jedoch wieder ins Brauchtum der Gesellschaftsjägerinnen zu verfallen. Ihre Trophäen sind somit bis heute ein recht skurriles Durcheinander von kapitalen Herren, mit Revier natürlich bevorzugt, Hirschen, Kochrezepten (als Köder immer noch bewährt), Kleidern, Wildschweinen usw.
Sollte mir eine Jägerin nun böse sein? Aber nicht doch. Den stolzen Jägern geht es doch im Grunde kein bißchen anders. Wollen sie für ihr Jagdgeschick bewundert werden? Bitteschön, tun wir es, und um so lieber werden wir mitgenommen, auch wir lieben Lob.
Eines werden wir auf alle Fälle nie schaffen, das müssen wir uns selbst eingestehen nämlich, daß wir so viel Jägerlatein versprühen – ausgeschlossen! Dazu nehmen wir die Jagd doch viel zu ernst.

Abschied von einer tausendjährigen Eiche

In einem Heimatbuch aus dem vergangenen Jahrhundert wird sie schon als tausendjährige Eiche bezeichnet. Wie alt war sie wirklich? 900 Jahre, 1 000 Jahre oder mehr? Man wird es nie genau erfahren.
Sie war eine Berühmtheit – ein Naturdenkmal. Auf sämtlichen Wanderkarten war sie gekennzeichnet, und Wegweiser aus allen Himmelsrichtungen wiesen den Weg zu ihr. Für einen Baum ist es nicht gut, berühmt und bewundert zu werden. Bäume sind nicht eitel. Aber bus- und kolonnenweise marschierten Naturfreunde an. Wenn Menschen etwas bewundern, tun sie es leider nicht nur mit den Augen. Vor fünf Jahren ungefähr fing es an: sie brachen zum Andenken Rinde ab. Erst kleine Stücke, und allmählich schälten sie quadratmetergroße Flächen ab. Dicke, bor-

kige Rinde des alten Baumriesen, der sich nicht wehren konnte. Ich kenne diese Eiche seit zwanzig Jahren. Als ich sie das erste Mal sah, war ich überrascht, wie finster, ja fast böse ein Baum wirken kann. Sie stand an einer kleinen Waldlichtung und reckte ihre großen, knorrigen Äste gespenstig über die sie umstehenden Fichten. Durch abgebrochene Äste entstanden im Stamm Höhlen, die wie schwarze Augen über die Lichtung starrten. Seit Jahren wohnten Waldohreulen darin. Wie vielen Generationen von Vögeln und anderen Tieren hatte sie Schutz geboten? Wie vielen Generationen von Bäumen hatte sie Gesellschaft geleistet? In welchem Jahrhundert hatte sie den schlimmsten Sturm erlebt, die größte Trockenheit, den kältesten Winter? – Und doch hatte kein Wutausbruch des Wettergottes sie zu Fall gebracht! Sie stand die Jahrhunderte hindurch einfach da. Ist das nicht Antwort genug? Ein trotziger Riese, der seine Arme gen Himmel reckte, als wolle er mit dieser Erde nichts mehr zu tun haben.
Vor zehn Jahren wurde sie mein Freund. Ein Glücksfall des Lebens bescherte uns in ihrer Nähe eine Jagdhütte. So wurde sie unser vertrauter Nachbar. Ich besuchte sie zu jeder Tages- und Jahreszeit. Begrüßte sie im Morgengrauen, sah sie in der tiefen Dämmerung. Unter der größten Schneelast, nie wirkte sie gebeugt, und ein Sturm, der mich nur unter großer Kraftanstrengung vorwärts kommen ließ, bewirkte bei ihr nur ein ärgerliches Zittern der Blätter. Ihre Arme konnte kein Sturm mehr biegen.
Den Umfang ihres Stammes habe ich nicht gemessen, aber ich erinnere mich, daß wir fünf Erwachsene mit ausgestreckten Armen sie gerade noch umfassen konnten. Unter diesen schützenden Armen beherbergte sie eine Wildfütterung, und an einer Fichte ihr zur Seite lehnte mein Lieblingshochsitz, genannt natürlich der ›Eichensitz‹ und die ›Eichenfütterung‹. Hundert mal ging ich an ihr vorbei, und immer war sie ein Blickfang.
Kinder wuchsen in dieser Zeit heran. Die ersten Waldausflüge führten sie zur Eiche, und auch später, bei ihren Alleingängen, blieb die Eiche Ziel oder richtungsweisend. Wenn sie nach durchtobten Tagen launisch und streitsüchtig wurden, schickte ich sie ›zum Nachdenken‹ zur Eiche, und siehe da, es half! Friedlich und fröhlich kehrten sie zurück.

Ganz ungetrübt war meine Freundschaft zu diesem Baum nicht immer. Als ich krank, nicht sicher sein konnte, am Leben zu bleiben, dachte ich grollend an diesen Baum, der Jahrhunderte überdauern durfte – und ich nur diese wenigen Jahre? Und glücklich doch genesen, führte mein erster Spaziergang zu diesem Baum – mich zu entschuldigen.

Auch er war krank. Eigentlich schon, seit ich ihn kannte. Ein baumstarker Ast ragte rinden- und blattlos schon als Totenarm in die Lichtung, und doch trug er noch bis zum letzten Jahr seine grüne Krone und brachte seine Früchte!

An einem Samstag ging ich zum letzten Mal an ihm vorrüber. Am folgenden Mittwoch versperrten mir Äste Blick und Weg. War ein Ast gebrochen? Ich gehe von der anderen Seite zur Lichtung, und die Augen können es nicht glauben – die Eiche ist verschwunden!

Mein Herz fängt zu rasen an, und ich laufe durchs Gestrüpp. Da liegt der zerbrochene Riese am Boden. Nur die dicke Rinde ragt empor. Der Stamm war völlig hohl. Nichts mehr zu sehen von seiner respekteinflößenden Größe. Krank und altersschwach legte er sich einfach hin, bei klarem, ruhigem Wetter.

Ich steige auf den ›Eichenhochsitz‹ und will es einfach nicht glauben – bis es dunkel wird. Eine Geiß zieht mit ihrem Kitz über die Lichtung. Sonst bleibt es still. Wo ist das Käuzchen, das in der Dämmerung hier rief? Wo wird es Unterschlupf finden?

Es ist wie eine Totenwache, aber ich habe ja auch einen Freund verloren.

Erholungssuche

Wochenende. Ströme von Erholungssuchenden zieht es in den Wald, denn der ist ja für alle und für alles da. Nur wie macht man das?

Ich finde ›Suchen‹ eigentlich anstrengend, erst recht etwas suchen, von dem ich nicht weiß, wie es aussieht. Kein Wunder, daß die wenigsten fündig werden.

Erst suchen sie den Weg, wenn sie den nicht finden – suchen sie

Pilze. Dann suchen sie im Pilzführer, ob diese vielleicht giftig sind. (Lebensmüde suchen selten Erholung.) Wenn sie aber keine Pilze finden, werden Blumen gerupft, da stehen ja so viele völlig unnütz herum, und im Auto ist ja noch so viel Platz! Nur, wo ist denn das? »Fiffi, wo ist das Auto?« Fiffi braucht nicht lange zu suchen, er weiß, wo Frauchen den Freßkorb hingestellt hat. Die Erholer sind sehr stolz auf Fiffi. Damit man das Auto nicht noch einmal suchen muß, fährt man es auch gleich ein bißchen weiter hinein in die herrliche Natur.
Eine Decke wird ausgerollt und der Picknickkorb ausgepackt mit den guten Magenfüllern, alles schön hygienisch in Plastik gewickelt. (Viele bevorzugen bei trockenem Wetter im Wald zu grillen, doch Jäger und Förster haben für so etwas allergische Nasen und verderben ihnen so oft den Spaß.)
Ach, ist das herrlich hier! »Kannst du nicht das Autoradio anmachen«? Gute Idee! Es kommt noch besser, die Schlagerparade dröhnt. Die sich Erholenden berauschen sich an dem tollen Rhythmus und diversen guten Fläschchen. Einer mault: »So warm schmeckt das Zeug ja grauenvoll«. Antwort: »Man kann ja nicht alles haben«.
Einer fängt an, sich zu kratzen – der oder die andere auch. Was ist? Huch Ameisen! »Kannst du nicht aufpassen, wo du die Decke hinlegst?« »Reg dich nicht auf, ich hab' Ungezieferspray mit«. Decke ausschütteln, gründlich einsprühen. »So, jetzt haben wir Ruhe.«
Wespen sind auch liebe Waldbewohner und mögen den Inhalt von Picknicktaschen ganz besonders gern, und sie passen sich schnell jedem Brotzeitgeschmack an. Sie summen mit der Schlagerparade um die Wette und suchen ein bißchen Hautkontakt zu den Futterlieferanten. Ich weiß nicht, tanzen die Erholungssucher? Auf jeden Fall hüpfen sie. Viel Gefühl für Takt beweisen sie allerdings nicht. Ich meine das natürlich nur in musikalischer Hinsicht. »Wo kommen bloß die vielen Mücken her?« ruft einer. Die Spraydose sprüht mit vollen Backen.
Schlagerparade aus, Bauch voll, Glieder zerkratzt und müde. Erschöpft schlafen die Erholungssucher ein.
Die Sonne lacht. Worüber, wird man wohl nie erfahren, aber sie

tut es. Sie strahlt wärmstens auf Erholer und andere, oder ist es das, was diese suchen?
Nach Stunden werden sie endlich wach. Langsam, wie sich das beim Erholen gehört. Oder? – Die grüne Umgebung hat sonderbarerweise rot abgefärbt. Ach ja, die Sonne ist ja nicht grün, aber eben auch Natur.
»Auch das noch, ein Sonnenbrand!« Das Auto hat diesmal nichts gegen Sonnenbrand mit. Mühsam erheben sich die Naturfreunde. Sie bewundern erschrocken die Wirkung dieses erholsamen Tages.
»Wo ist denn Fiffi?« Fiffi hatte kein Bier getrunken und war gar nicht müde. Und es roch hier so interessant! So lief er immer seiner Nase nach. Das ging keineswegs geradeaus, nicht daß Fiffi eine krumme Nase hätte, aber jedesmal wenn es ganz besonders gut roch, rannte irgend etwas vor ihm weg. – Da mußte er hinterher. Er will auch was Schönes mit nach Hause bringen, aber das ist gar nicht so einfach. Er schimpft laut hinter den Weglaufern her, bis er erschöpft eine Pfütze voll schönem sauren Regen findet, da schlabbert er sich den Bauch voll.
»Fiffiiiii« tönt es von weitem. Ihm fällt ein, wie schön es jetzt auf dem weichen Sofa wäre und etwas zu fressen zu kriegen, was nicht wegläuft. So trabt er den Stimmen der Seinen entgegen.

Die Erholer haben inzwischen Decke, Korb sowie all die gesammelten Blumen, Gräser, Pilze (die Natur ist ja so ergiebig) wieder ins Auto gepackt, so daß für leere Dosen, Plastiktüten und Spraydosen kein Platz mehr ist. Wenn man so viel mitnimmt, muß man schließlich auch etwas dalassen.
Das Auto fährt aus dem Wald, damit dieser sich wieder erholen kann. Ich hoffe, die Sucher finden während der Woche ein bißchen Erholung, sonst kommen sie nächste Woche wieder und suchen weiter.

Hutpflichten

Eigentlich sind Hüte ein Modeartikel, die einem Kopf (egal ob männlich oder weiblich) das »gewisse Etwas« verleihen sollen, das leider so oft fehlt. Anders jedoch Jagdhüte. Sie sind grundsätzlich grün und werden allein nach dem praktischen Gesichtspunkt ausgewählt, ganz die Funktion eines Ersatzdaches zu erfüllen, da die Jagd sich ja außer Haus abspielt und dem Wetter nie zu trauen ist.
Ohne Hut genügt manchmal schon ein Windstoß, und mancher merkt, wie sein letzter Haarschopf entflieht, oder es fällt Wasser vom Himmel, und selbst würdigere Jahrgänge erleben, daß sie wieder recht feucht hinter den Ohren werden, und Gedanken, die sich ja manchmal zufällig im Kopf befinden, sind ja zum Glück keine Topfpflanzen, die bewässert werden müssen.
Trotzdem sollte auch an einem Sonnentag der Hut nicht vergessen werden. Hört man doch täglich, wie gefährlich Strahlung ist, und obwohl die Sonne rund ist und keinerlei Stacheln besitzt, sticht sie doch ganz heimtückischerweise! Das sind natürlich extreme Sonderfälle, aber man sollte ja stets an alles denken.
Jagdhüte haben natürlich viel wichtigere Aufgaben. Zum Beispiel, ist einem Jäger jagdlicher Erfolg beschieden, wird als Zeichen dieses Glückes oder Waidmannsheils ein Bruch am Hut angebracht. Dort wirkt er fast so wie die Trophäe selbst, wenn er nicht gerade so groß ist wie ein Baum.
Kriegt man aber diesen Bruch überreicht und setzt sich dann den

Hut auf, ist das so feierlich wie eine Krönung, egal wie dreckig und verschwitzt das Krönungshutexemplar auch ist.
Was so ein rechter Jäger ist, der schließt sich natürlich auch zumindest einem Verein oder Jagdverband an. Damit das auch jeder zur Kenntnis nimmt, wird ein Abzeichen am Hut befestigt. (Nur Orden trägt man an der Heldenbrust.) Selten bleibt es bei nur einem Abzeichen. Da gibt es zum Beispiel die Schießnadel in Silber und Gold. Auch beim Jagdhornblasen gibt es eine Medaille – Bronze, aber Hutbesitzer sind auch ehrgeizig. Es wird so lange geübt, bis auch Silber und Gold an ihnen glänzt.
Manche kaufen sich dann einen zweiten Hut. Bronze wird auf den alten Jagdfilz genagelt, Silber und Gold auf den Ausgehhut montiert unter Zugabe jagdlicher Erfolgstrophäen wie den Federn von Eichelhäher, Stockerpel, Schnepfe oder Rebhuhn. Vielleicht sogar ein Gamsbart, auf den schaut bestimmt jeder! So ein Jägerleben ist ja sowieso sehr ereignisreich. Alles kann man nicht im Hirn behalten, aber auf dem behüteten Hirn lassen sich viele, viele Erinnerungsabzeichen in Ehren tragen und zeigen.
Leider geht es nun den Hüten wie ihren Besitzern. Sie werden älter. Wer nimmt das schon gern zur Kenntnis?
Der eine kriegt nur ein paar Falten, aber der andere?
Köpfe strengen sich manchmal, wenn auch ungern, an, und dann schwitzen sie. So ein Hut nimmt das seinem Besitzer nicht übel und saugt und saugt, desgleichen wenn er auf Treib- und andern Jagden stundenlang im Schnee und Regen steht. Der treue Hut verdoppelt schnell sein Eigengewicht und paßt auf, daß sein Träger ein trockenes Haupt behält. Zum Lohn dafür wird er dann auf die Heizung gelegt. Das mag er zwar nicht, aber was tut man nicht alles für seinen guten Ruf. – Er schrumpft in sich zusammen und vergißt manchmal, daß sein zu Behütender kein Schrumpfkopf ist, aber der nächste Regen kommt bestimmt.
Manchmal muß er aber auch im Auto warten, und die Sonne brennt, oder der Hund setzt sich drauf, dafür darf er abends zuschauen, wie der Kopf unter ihm Waidmannsheil hat. Aber leider fällt er beim Aufbrechen runter. Zur Abwechslung ist er nun rot. Das erschreckt ihn nicht weiter, er weiß inzwischen, nichts ist von Dauer, und eine Nase hat so ein Hut zum Glück nicht.

Nur allmählich bewirkt dies wechselvolle Leben, daß eine undefinierbare Patina seine Ursprungsfarbe und -form unkenntlich macht. Doch das braucht ihn nicht zu erschrecken. Landen auch seine Kollegen reihenweise auf den Köpfen von Schneemännern, Vogelscheuchen oder Bettlern, er wird weiter in Ehren gehalten. Selbst wenn er altersschwach und löchrig seine Funktion nicht mehr erfüllen kann, irgendwo bleibt immer ein Plätzchen für ihn, wo ihn der dankbare Blick des Kopfes erreicht, den er so lange behütet hat.

Jagd und Mode

Die Natur ist bekanntlich der einfallsreichste Modeschöpfer auf dem Erdenrund. Kleidet sich doch, zumindest in unseren Breitengraden, vier Mal jährlich die gesamte Schöpfung neu ein. Ja, sie zwingt auch uns Menschen, sich ihrem jahreszeitlichen Modediktat zu beugen.
So verführt sie unsere Augen erst mal mit frühlingshaften Pastellfarben, und kaum daß wir uns richtig daran gewöhnt haben, knallt sie uns die leuchtendsten Sommerfarben hin. Azurblauer Himmel, goldgelbe Felder, saftig grüne Wiesen und Bäume. Doch bis sich unser Auge an so viel kräftige Töne gewöhnt, überrascht sie uns schon wieder mit den vielfältigen, gedämpften Herbsttönungen. Der Winter bringt dann den modischen Dauerbrenner: weiß ist immer »in«.
Doch das ist nicht alles! So nebenbei, verfügt sie über ein ganzes Arsenal vielfältiger Accessoires, mit denen sie, je nach Laune, Jahreszeitliches ausschmückt. Da ein bißchen Nebel – bewirkt unbestimmte Eleganz. Dort ein bißchen Wind – gleich wirkt alles viel flotter. Regen gemischt mit Sonnenlicht – bringt erstaunliche Glanzeffekte, und eine Wolkenstola, einmal antik, ein andermal barock – kann uns stündlich ganze Stilepochen vorführen. Die ganze Modewelt ist ständig am Rennen, um sich dieser Vielfalt anzupassen.
Und dann sind da die Jäger! Wie kaum jemand anderer bewundern sie diese Modeschau der Natur, und man kann es nur als

Sturheit auslegen: seit Jahrhunderten fällt ihnen nichts anderes ein, als sich von Kopf bis Fuß immer nur in Grün zu hüllen!
Jeder Fasanengockel ist in seinem Prachtgewand modebewußter als so ein Jäger, der sich nicht etwa ein Beispiel daran nimmt, nein, er nimmt die Flinte – und erlegt ihn! Diese Reaktion wäre verständlich, würde er, neidisch auf dies Prachtgewand, es sich zur eigenen Verschönerung aneignen wollen. Das will er aber gar nicht.
Dieselbe modische Farbenpracht führt ebenso jeder Enterich vor, und obwohl Entenjagden so beliebt sind, sah ich noch keinen Jäger sich auch nur annähernd so farbenfroh ausschmücken. Höchstens ein kleines Federchen am Hut, das ist schon alles. Auch Blumen, Vögel, Schmetterlinge, alle leben in der freien Natur und kommen ganz ohne wetterempfindliche Verkleidungen aus. Allerdings, ich muß gestehen, nicht ganz so lange wie die tapferen Jägerlein.
Man muß sich manchmal fragen, ob Jäger wohl mal in den Spiegel schauen? – O ja! Der Spiegel eines Reh's ist ihnen wohlvertraut, auch die Luft spiegelt ihnen so manches vor. Doch ist dies ein ziemlich unklares Spiegelbild.
Ein Jagd-Katalog kam in unser Haus gewandert. Ich blättere darin, um etwas zu unserer Verschönerung zu finden. Grün – grün – grün! Und die Attribute dieser Bekleidung würden jeden Modeschöpfer erschauern lassen. Es klingt nämlich so: Robust, schmutzunempfindlich, wind- und wasserdicht, strapazierfähig, mit doppelter Gesäß- und Kniepartie, mit Stichelhaareffekt! Einfallslos kann man dies zwar nicht nennen. Für einen Fußabstreifer wären das ja auch ganz nützliche Eigenschaften – aber für mich?
Ah, jetzt verstehe ich! Die wetterwendische Natur benutzt uns Menschen ja auch als Fußabstreifer für ihre neckischen Modelaunen – und besonders auf Jäger hat sie es abgesehen, da diese ihr ja auch viel öfter begegnen als normale Menschen, die meistens nur über ihre abwechslungsreichen Einfälle schimpfen.
Launen sind immer schwer zu ertragen, egal von welcher Seite sie kommen, und jeder entwickelt so seine Spezialmethode, sich davor zu schützen. Jäger haben nun einmal große Erfahrung mit

den Launen der Natur. Deshalb kleiden sie sich möglichst unauffällig, dazu noch möglichst unempfindlich. (Lauter Eigenschaften mit Un-!) So sehen sie dann eben auch aus.
Ich untersuche meine eigene Wald-Wiesenbekleidung und stelle fest: auch ich sehe sehr nach Un- aus. Irgend jemand pries mir mal eine Lederhose als das Nonplusultra einer Jagdbekleidung an. Mir leuchtete das auch irgendwie ein, denn Rehe tragen dasselbe Material und sehen dabei auch sehr hübsch aus. Ich weihte dieses Prachtstück auf einer Treibjagd ein. Leider war die Natur an diesem Tag sehr traurig und weinte den ganzen lieben, langen Tag große Tränen auf uns. Naß wurden alle, doch ich am meisten. Denn, was machte meine Nonplusultra-Hose? Sie ließ die Tränen nicht etwa über sich ergehen, nein, sie schluckte alle in sich hinein! Als ich endlich aus diesem Schwamm ausstieg, wog das Ding 10 Pfund! Seitdem schau ich auch, daß die Eigenschaft »wasserabstoßend« meinen Jagdbeinkleidern eigen ist.
Mit den Schuhen ist es ähnlich. Leider sind nämlich meine Füße Kaltblüter. Wenn sie dann so halbtot an mir dranhängen, kann mich die schönste Landschaft nicht mehr erfreuen. Natürlich sind auch die Schuhe wasserabstoßend, weshalb man sie auch Boots nennt. (Um den Unterschied zu einem Paddelboot deutlich zu machen, sagt man »Buut« dazu.) Außerdem haben sie rutschfeste Sohlen und sind noch dickwandig wärmespeichernd. Wenn ich bedenke, mit was für kleinen »Schälchen« so ein Reh anmutig herumspaziert!
Beinahe hätte ich es vergessen! Dicke Socken ziehe ich auch noch an, und die sind auch sehr naturliebend. Denn was so alles an Disteln, Gras- und anderem Samen und sonstigem stachligem und klebrigem Zeug den Wald schmückt, »schmückt« auch meine Waden wie ein Igel. Ungerupft kann ich mein Heim selten betreten.
Mit Jacken und Mänteln hat man die gleichen Probleme. Dazu müssen die noch mit möglichst vielen Taschen für sämtliche Jagdutensilien ausgerüstet sein, die auch gern auf die Jagd mitgehen, wie Patronen, Messer, Lockinstrumente, Mückensalbe usw. Durch das ständige Suchen nach all den wichtigen Sachen beulen sich die Taschen mit der Zeit aus. Das vereinfacht zwar die Suche, verschönt aber nicht unbedingt Jacken und Mäntel.

Als ich heute zur Jagd ging, habe ich aus Versehen in den Flurspiegel geguckt. Bin ich erschrocken! Wer war denn dieses unförmige grüne Etwas? – Hatten wir Besuch bekommen? Ich ging näher hin und stellte fest: das Gesicht, in all das Grünzeug verpackt, war mein eigenes! Ich riskierte einen zweiten Blick und sah: mit modisch, oder »up to date«, hat diese Figur nichts zu tun. Ich wagte trotzdem noch einen dritten Blick und erkannte: aber eigentlich schaue ich sehr viel glücklicher und zufriedener als alle Mannequins der Welt aus. Das genügt mir, denn mit den Naturschönheiten kann es sowieso niemand aufnehmen.

BLV Jagdunterhaltung ...

Erwin Felsmann
Jägergrüne Dorfgeschichten
Geschichten zwischen Tagwerk und Waidwerk, von alltäglichen und absonderlichen Episoden der bodenständigen »echten Jagd« und des dörflichen Lebens.
157 Seiten, 1 Zeichnung

Heinrich Sindel
Von Rehen, Mardern und Rebhühnern
Erlebnisse und Gedanken eines engagierten Jägers über die Erhaltung der natürlichen Lebensräume vieler Wildarten und die Zukunft des Natur- und Vogelschutzes.
183 Seiten, 11 Zeichnungen

Wolfgang Frank
Verklungen Horn und Geläut
Die Chronik des Forstmeisters Franz Mueller-Darß: faszinierendes Epos des Waldes und seiner Tiere, der Hunde, der Jagd und der Menschen in Pommern 1890 bis 1950.
437 Seiten, 1 Übersichtskarte

Hans Krieg
Ein Mensch ging auf die Jagd
Philosophische, kritische und humoristische Lebens- und Jagderinnerungen eines passionierten Jägers, engagierten Naturschützers, Forschungsreisenden und anerkannten Wissenschaftlers.
2. Auflage, 227 Seiten, 18 Zeichnungen

Bernd Krewer
Mit Büchse und Schweißriemen
Spannende Erzählungen und Erlebnisberichte über Schweißhunde und Nachsuchen, Hirsche und Jäger; Zucht und Abrichtung von Schweißhunden und richtiges Verhalten des Jägers.
144 Seiten, 1 Foto

BLV Verlagsgesellschaft München

... und Jagdinformation

Rolf Heinzl
Jagen in gastlichen Revieren
Der Autor erzählt seine schönsten und spannendsten Erlebnisse aus gastlichen Revieren im In- und Ausland. Fotos des Autors und Bilder bekannter Maler wie Buddenberg, Feussner, Laube und Poortvliet bereichern die mitreißenden Erzählungen mit stimmungsvollen Illustrationen.
139 Seiten, 15 Fotos

Walter Frevert
Rominten
Erinnerungen eines Oberforstmeisters an das Jagdgebiet »Rominter Heide« in Ostpreußen: Geschichte, Erlebnisse, Dokumente, Hegeerfolge.
8. Auflage, 226 Seiten, 4 Farbfotos, 98 s/w-Fotos,
1 Übersichtskarte, 1 Zeichnung

PIRSCH Jagderzählungen
Querschnitt durch die erzählende Jagdliteratur; Schilderungen und Jagdgeschichten von bekannten Autoren aus Deutschland und aller Welt.
2. Auflage, 310 Seiten, 4 Zeichnungen

Walter Helemann
Das Jahr der Wildbahn
Prachtvoller Bildband über die Jagd in heimischen Revieren im Rhythmus der Jahreszeiten – Hochgebirge, Gewässer, Feld und Flur, Wald und Forst – mit erlebnishaften und informativen Texten.
255 Seiten, 291 Farbfotos, 8 Zeichnungen

Egon J. Lechner
Jagdparadiese in aller Welt
20 spannende Jagdreiseberichte aus Asien, Afrika, Australien, Amerika und Europa; aktuelle Informationen über das jeweilige Land, die Jagdbedingungen und die Hauptwildarten sowie praktische Reisetips für Jäger.
231 Seiten, 124 Farbfotos, 57 s/w-Fotos, 40 Verbreitungskarten,
6 Zeichnungen

In unserem Verlagsprogramm finden Sie Bücher
zu folgenden Sachgebieten:

Garten und Zimmerpflanzen · Natur · Angeln, Jagd, Waffen · Pferde und Reiten · Sport und Fitness · Reise und Abenteuer · Wandern und Alpinismus · Auto und Motorrad · Essen und Trinken · Gesundheit

Wünschen Sie Informationen, so schreiben Sie bitte an:
BLV Verlagsgesellschaft mbH, Postfach 40 03 20, 8000 München 40.